نوک جھونک

(مزاحیہ مضامین)

مرتبہ:

سید حیدرآبادی

Nok Jhonk *(Humorous Essays)*
by: Syed Hyderabadi
Edition: July '2025
Publisher :
Taemeer Publications LLC (Michigan, USA / Hyderabad, India)

ISBN 978-93-6908-002-1

کتاب	:	**نوک جھونک** (مزاحیہ مضامین)
مرتب	:	**سید حیدرآبادی**
صنف	:	طنز و مزاح
ناشر	:	تعمیر پبلی کیشنز (حیدرآباد، انڈیا)
سالِ اشاعت	:	۲۰۲۵ء
صفحات	:	۶۰
سرورق ڈیزائن	:	تعمیر ویب ڈیزائن

فہرست

محترم چور صاحب قبلہ

احمد ندیم قاسمی

سنا ہے کہ تلاشِ گم شدہ کے بعض اشتہارات بہت نتیجہ خیز ثابت ہوتے ہیں۔ مثلاً مشہور ہے کہ ایک شخص کا بریف کیس چوری ہو گیا۔ اس نے پولیس میں رپورٹ لکھوانے کی بجائے اخبار میں ایک اشتہار دیا جس کا مضمون کچھ اس طرح کا تھا:

محترم چور صاحب قبلہ ! السلام علیکم ! آپ نے میرا بریف کیس چرایا ہے، اس میں میرے پاسپورٹ کے سوا جو کچھ بھی ہے وہ بریف کیس سمیت اپنے پاس رکھیے مگر کسی طرح یہ پاسپورٹ مجھے بھجوا دیجیے۔ چند اور کاغذات بھی ہیں۔ ان کاغذات میں سو سو چھ نوٹ بھی شامل ہیں۔ یہ بھی اپنی کام میں لائیے۔ بریف کیس پرانا ہے اس لیے آپ کو اٹھاتے ہوئے شرم آئے گی کیونکہ جب آپ چوری سے اتنا کچھ کما لیتے ہیں تو سوسائٹی میں آپ ماشاء اللہ بڑے معزز ہوں گے۔ چنانچہ اگر آپ کا کوئی برخوردار پرائمری میں پڑھتا ہے تو بریف کیس میری دعا اور پیار کے ساتھ اسے دے دیجیے۔ مجھے صرف میرا پاسپورٹ درکار ہے۔

اور سنا ہے کہ دوسرے ہی روز اس شخص کو اس کا پاسپورٹ رجسٹرڈ پارسل کے ذریعے موصول ہو گیا تھا۔

البتہ جب ہم مطالعے کی عینک بروقت رکشا حاصل کرنے کی خوشی میں، رکشا میں

ہی چھوڑ کر اتر گئے تھے تو ہم نے رکشا ڈرائیور کو مخاطب کر کے متعدد کالم لکھے۔ پھر ان سواریوں کو مخاطب کیا جو ہمارے بعد اس رکشا میں بیٹھی ہوں گی۔ ہم نے ان کی شرافت و نجابت کے قصیدے پڑھے اور انھیں یہ بھی سمجھایا کہ اگر وہ ہماری عینک کو اپنے استعمال میں لائے تو انھیں اپنی آنکھوں کا نمبر بدلوانے کا تردد کرنا پڑے گا۔ مگر افسوس کہ کسی کے کان پر جوں تک نہ رینگی اور ہم اپنی اس یادگار عینک سے ہمیشہ کے لیے محروم ہو گئے۔

اب ہمارے ایک کرم فرما جناب محمد علی چوہدری نے، جو ایف سی کالج لاہور میں شعبہ فلسفہ کے صدر ہیں، ہمیں مطلع کیا ہے کہ دو ماہ سے زیادہ عرصہ گزرا ان کا بریف کیس ایک دوست کی بظاہر مقفل گاڑی میں سے پولیس چوکی سمن آباد سے تین چار فرلانگ کے فاصلے پر چوری ہو گیا۔ اخبارات میں اشتہارات دیے، انعامات کا بھی اعلان کیا لیکن بریف کیس نہ ملا۔ چوہدری صاحب فرماتے ہیں کہ بریف کیس میں نہایت قیمتی کاغذات تھے۔ اگر یہ کاغذات ہی کسی طرح انھیں واپس مل جاتے تو چوری کے دکھ میں معتدبہ افاقہ ہو جاتا۔ ان کی خواہش پر ہم محترمی چور صاحب سے اپیل کرتے ہیں کہ بریف کیس بے شک اپنے پاس رکھیے مگر چوہدری صاحب کے کاغذات واپس فرما دیجیے۔ آپ عنداللہ ماجور ہوں گے۔

ہمیں یقین ہے کہ جب چور صاحب ان کاغذات کی تفصیل سنیں گے تو ان کی واپسی کے لیے بے چین ہو جائیں گے۔ بات یہ ہے کہ جناب محمد علی چوہدری شاعر بھی ہیں۔ چنانچہ وہ اپنی تقریباً تین درجن غزلوں کو بھی قیمتی کاغذات میں شامل فرماتے ہیں۔ ستم یہ ہے کہ یہ سبھی غزلیں غیر مطبوعہ ہیں اور ستم بالائے ستم یہ کہ شاعر کے ذہن سے یہ غزلیں محو ہو چکی ہیں۔ چنانچہ ان کا وجود اگر کہیں ہے تو اس بریف کیس میں ہے جو شاعر

صاحب سے چور صاحب کو منتقل ہو چکا ہے۔

ہم اس اپیل میں اپنی طرف سے یہ اضافہ کرنا چاہتے ہیں کہ اگر چور اتفاق سے شاعر بھی ہے تو مقطع میں اپنا تخلص داخل کر کے انھیں کم سے کم چھپوا ہی دے تا کہ چوہدری صاحب کو یہ تسلی ہو کہ ان کی کاوش مکمل طور پر غارت نہیں ہوگئی۔ البتہ چور کو اپنا تخلص داخل کرتے ہوئے عجلت سے کام نہیں لینا چاہیے جیسے ایک شاعر متخلص بہ "گنہگارؔ" نے لیا تھا کہ ایک پرانے شاعر مصحفیؔ کی غزل چرائی اور اپنا تخلص یوں شامل کیا کہ مصرع بحر سے خارج ہو کر ساحل پر جا پڑا۔ مصحفیؔ کا مصرع تھا:

مصحفیؔ! ہم تو یہ سمجھے تھے کہ ہو گا کوئی زخم

آپ نے اسے یوں اپنایا:

گنہگارؔ! ہم تو یہ سمجھے تھے کہ ہو گا کوئی زخم

جناب محمد علی چوہدری فلسفی ہیں اس لیے سادہ مزاج ہیں۔ سو فرماتے ہیں کہ ممکن ہے چور صاحب نے یہ کاغذات بریف کیس میں سے نکال کر پھینک دیے ہوں اور کسی راہ چلتے کو مل گئے ہوں، چنانچہ ان راہ چلتے صاحب سے بھی گزارش ہے کہ اگر وہ یہ کاغذات اور مسودات چوہدری صاحب کو واپس کر دیں تو وہ ان انعامات کے مستحق ہوں گے جن کا اس سے قبل چوری کے اشتہار میں اعلان کیا جا چکا ہے۔

کچھ کر لو نوجوانو! اٹھتی جوانیاں ہیں

***

جھوٹے ہی جھوٹے

مستنصر حسین تارڑ

اب تو خیر سے زمانہ بے حد "تہذیب یافتہ" اور نفیس ہو گیا ہے، لوگ اپنے ناموں کی تراش خراش کر کے انہیں نہایت دل پذیر بنا لیتے ہیں۔۔۔ اگر شومئ قسمت والدین نے کوئی ایسا نام رکھ دیا ہے جو ان کے نزدیک قدرے قدامت زدہ اور بیک ورڈ ہے تو وہ اسے بھی کانٹ چھانٹ کر اپنے تئیں معزز بنا لیتے ہیں۔۔۔ اور کچھ نہ ہو تو کوئی لاحقہ جوڑ کر ذرا ماڈرن ہو گئے۔۔۔ صحرائی، حجازی، تاشقندی، بغدادی یا ایرانی ہو گئے۔۔۔

اس دوران دیسی ناموں کی خوب شامت آئی۔۔۔ خاص طور پر اللہ رکھا، اللہ دتہ یا محمد بوٹا نوعیت کے ناموں کی۔۔۔ یہ سب فوری طور پر اے آر، اے ڈی اور ایم بی ہو گئے اور کوئی مترنم سا ماڈرن نام ان کے ساتھ نتھی کر لیا یعنی اے آر نسیم، اے ڈی اظہر، یا ایم بی تبسم وغیرہ۔۔۔ آسکر ایوارڈ یافتہ موسیقار اے آر رحمان بھی دراصل اللہ رکھا رحمان ہیں۔۔۔ لیکن انکم ٹیکس کے ایک افسر اور ادیب ایسے تھے جنہوں نے اپنے نام محمد بوٹا کو ماڈرن نہیں کیا ریٹائرمنٹ تک سیدھے سادے محمد بوٹا ہی رہے۔۔۔

ایک بار میں نے ان سے پوچھا کہ حضرت آپ اتنے بڑے عہدے پر فائز رہے اور پھر بھی ایم بی کیوں نہ ہو گئے۔۔۔ کہنے لگے تارڑ صاحب میرے والدین کو بہت آرزو تھی کہ ان کے ہاں بیٹا پیدا ہو۔۔۔ اس خواہش کیلئے بہت منتیں مانیں، دعائیں کیں،

مزاروں پر حاضریاں بھریں اور پھر ایک عرصے کے بعد ان کی آرزو اللہ تعالیٰ نے پوری کر دی اور میں پیدا ہوا۔۔۔ ان کا یقین کامل تھا کہ یہ عنایت ان پر ہمارے آقا محمدؐ کی جانب سے ہوئی ہے چنانچہ انہوں نے میرا نام محمد بوٹا رکھا۔۔۔ وہ بوٹا جو محمدؐ نے لگایا تو میں اتنے محترم نام کو ایم بی میں بدلنے کی جسارت کیسے کر سکتا تھا۔۔۔

یہ توجیہہ سن کر میری عجیب حالت ہوئی اور احساس ہوا کہ محمد بوٹا یوں دیکھا جائے تو کیسا بابرکت اور خوبصورت نام ہے۔۔۔ اللہ دتہ اور اللہ رکھا بھی کیسے بامعنی اور پاکیزہ نام ہیں اور ہم ان سے اجتناب برتتے ہیں۔۔۔ پھر ایک اور زمانہ ایسا تھا کہ تعلیم یافتہ لوگوں کی تعداد آٹے میں نمک کے برابر تھی اور اپنی ڈگری کو نام کا حصہ بنالینا محترم ٹھہرتا تھا ۔۔۔ مثلاً ایک بہت جانے پہچانے لکھنے والے شبلی بی کام ہوا کرتے تھے۔۔۔ والد صاحب ان کا تذکرہ کرتے ہوئے ہمیشہ ہنس دیتے تھے کہ بے چارے نے بعد میں ایم کام کر لیا شبلی ایم کام لکھنا شروع کر دیا لیکن عوام الناس انہیں شبلی بی کام ہی لکھتے رہے۔۔۔ اسی طرح ایک ادیب احسان بی اے بھی ہوا کرتے تھے۔۔۔

ناموں کے ساتھ ذات پات، تخلص یا تعلیم کے علاوہ پیشے بھی نتھی ہو جایا کرتے تھے۔۔۔ میرے بچپن کے دوست نثار آرٹ پریس کے شیخ نوازش علی نے ایک تحقیقی کتاب نارووال کے خواجہ حضرات کے بارے میں لکھی ہے کہ وہ کیسے نارووال سے اٹھ کر کاروبار کیلئے لاہور آئے اور اپنا مقام بنایا اور نامور ہوئے۔۔۔ اس دوران ان میں سے بیشتر کے نام پس منظر میں چلے گئے اور ان کے پیشے ان کی پہچان بن گئے۔۔۔ مثلاً سوت والے، چابیاں والے، سموسے والے، گول ٹافی والے، قلفی والے، پانڈی، قلعی والے، لڈوؤں والے، پھولوں والے، بوٹوں والے، مہندی والے، گھڑی ساز، فالودہ والے، شیشہ گر اور باداموں والے وغیرہ۔۔۔

ادھر ہمارے جاٹ قبیلے میں سوائے کاشتکاری کے دوسرے تمام پیشوں کو حقیر سمجھا جاتا ہے یعنی خدا وہ وقت نہ لائے جب ایک جاٹ سموسے یا فالودہ بیچ رہا ہو چاہے بھوکا مر جائے۔۔۔ علاوہ ازیں ایک زمانے میں جاٹ حضرات تعلیم حاصل کرنا بھی نہایت معیوب سمجھتے تھے کہ لڑکا پڑھ کر آخر کرے گا کیا۔۔۔ لالوں کی طرح ہٹی کرے گا یا ڈاکخانے کے باہر بیٹھ کر لوگوں کے خط لکھ کر روزی کمائے گا۔۔۔ بہر طور دیہات میں بھی نہ صرف افراد بلکہ خاندانوں کے ناموں کے ساتھ بھی کوئی نہ کوئی "تخلص" لگا دیا جاتا ہے، چونکہ ان زمانوں میں ایک گاؤں کے افراد صدیوں سے اکٹھے رہتے چلے آتے تھے اس لئے ایک دوسرے کے خاندانوں سے بھی مکمل واقفیت رکھتے تھے کہ اچھا یہ وہ لڑکا ہے جس کے دادا جان اللہ بخشے قتل کے مقدمے میں پھانسی پا گئے تھے یا ماشاء اللہ آپ کے تو آباؤ اجداد مویشی چوری کرنے میں چیمپئن ہوا کرتے تھے۔۔۔ یعنی کچھ بھی ڈھکا چھپا نہیں ہوتا تھا۔۔۔

ایک بزرگ تھے انہیں طوطے پالنے کا جنوں تھا۔۔۔ آخری عمر میں کنویں پر چلے گئے اور طوطوں سے باتیں کرتے کرتے راہی ملک عدم ہو گئے۔۔۔ انہیں طوطا جی کے نام سے پکارا جاتا تھا۔۔۔ آج ان کی آل اولاد سب طوطا جی کہلاتی ہے۔۔۔ یعنی چوہدری کرامت طوطا جی۔۔۔ محمد حسین طوطا جی وغیرہ۔۔۔ اور وہ اس پہچان پر فخر کرتے ہیں۔۔۔ طوطا جی ٹرانسپورٹ، طوطا جی کولڈ سٹوریج، طوطا جی کاٹن فیکٹری۔۔۔ ان کے اس فخر کی دلیل ہیں۔ دور کیا جانا میرے اپنے نہایت قریبی عزیز بلکہ نہایت پیارے بہنوئی صاحب " گھگھے" ہیں نام تو ان کا ذوالفقار گوندل ہے لیکن ذوالفقار گھگھا کہلاتے ہیں۔۔۔

تفصیل اس اجمال کی یوں ہے کہ کوئی سو برس پیشتر ان کے کوئی بزرگ ایسے تھے

جن کا گلا بیٹھا ہوا تھا اور ذرا گھگھیا کر بات کرتے تھے چنانچہ انہیں گھگھے کے لقب سے یاد کیا جانے لگا۔۔۔ اور آج ان کی آل اولاد سب کے سب گھگھے۔۔۔۔ اپنے خاندانی رہائشی کمپاؤنڈ کا نام گھگھا ہاؤس رکھا۔۔۔ پھر گھگھا فلور مل۔۔۔ یہاں تک کہ گھگھا برگر ہاؤس وغیرہ۔۔۔ کینیڈا کے شہر مانٹریال میں میرا عزیز بھانجا شیث گھگھا کہلاتا ہے اور فرانسیسی لڑکیاں اسے پیار سے پکارتی ہیں تو ان کی زبان میں بل پڑ جاتا ہے۔۔۔

میرے ننھیال کے دور پار کے کچھ عزیز ہیں جو سب کے سب "جھوٹے" ہیں ان کے بچے بڑے سب کے سب جھوٹے۔۔۔ اب ان کے بھی کوئی بزرگ تھے جنہوں نے دانستہ یا نادانستہ کوئی جھوٹ بول دیا تو برادری والوں نے انہیں جھوٹے کے عہدے پر فائز کر دیا۔۔۔ آج ان کے خاندان کے بیشتر افراد اپنے آپ کو جھوٹا متعارف کروانے میں کچھ جھجھک نہیں سمجھتے۔۔۔ بلکہ ان میں سے ایک صاحب نے بہت نام پایا۔۔۔ ہم انہیں جمال دین کہہ سکتے ہیں۔۔۔ موصوف ایک چادر اوڑھ کر چارپائی پر لیٹ جاتے تھے۔۔۔ ان کا کوئی عزیز ٹیپ ریکارڈر پر انہیں کوئی نعت یا فلمی نغمہ سناتا تھا تو ان پر حال پڑ جاتا تھا اور وہ کسی اور جہاں میں چلے جاتے تھے اور وہاں انہیں گمشدہ اشیاء یا لوگ نظر آنے لگتے تھے۔۔۔

یہ حقیقت ہے کہ ان میں کوئی ایسی صلاحیت تھی جسے بروئے کار لا کر وہ گمشدہ زیورات، نقدی، موٹر سائیکل، ٹریکٹر اور بچے وغیرہ کا کھوج نکالتے تھے۔۔۔ البتہ وہ اپنی خدمات کے عوض ڈاکٹروں کی مانند طے شدہ فیس لیتے تھے اور کاروبار اتنا تھا کہ اس آمدنی سے بے پناہ جائیداد بنالی۔۔۔ میری امی جب کبھی گاؤں جاتیں تو کسی روز تیار ہو کر کہتیں۔۔۔ میں آج بھائی جمال جھوٹے سے ملنے جا رہی ہوں۔۔۔

ماضی کے یہ سب لوگ معصوم اور کھرے تھے۔۔۔ کسی سے کوئی غلطی سرزد ہو

جاتی تھی تو اسے یاد دلاتے رہتے تھے تا کہ دوسرے احتیاط کریں۔۔۔ صرف ایک جھوٹ بولنے پر پورا خاندان جھوٹا ہو جاتا تھا۔۔۔ میں سوچتا ہوں کہ یہ جو آج کے معزز لوگ ہیں، جاگیر دار، وڈیرے اور حکمران کیا ان کے آباؤ اجداد نے کبھی کوئی غلطی نہیں کی تھی، کوئی جھوٹ نہیں بولا تھا کہ ان کے نام کے ساتھ کوئی لاحقہ نہیں۔۔۔

یہ لاحقے ہوں گے لیکن یہ لوگ ان پر پردہ ڈال گئے۔۔۔ انگریزوں کے بوٹ چاٹنے والے کم از کم آج اپنے نام کے ساتھ بوٹ چومنے والے۔۔۔ انگریز کے کتے نہلانے والے۔۔۔ دغا باز۔۔۔ چاپلوس وغیرہ کا اضافہ تو کرتے۔۔۔ لوگوں کا رزق کھا جانے والے کم از کم گدھ تو کہلاتے۔۔۔ چلئے اور کچھ نہ سہی یہ اعتراف تو کر لیتے کہ سب کے سب جھوٹے ہیں۔۔۔ سیاست کے، قیادت کے، کاروبار کے، حاکمیت اور مذہب کے۔۔۔ سب کے سب جھوٹے۔۔۔ جھوٹے ہی جھوٹے۔۔۔

***

پاگل خانے میں چند منٹ

حمید عادل

حال ہی میں ہمیں احتیاط علی محتاط کے ساتھ "پاگل خانہ" جانے کا اتفاق ہوا۔۔۔جی نہیں وہ ابھی پاگل نہیں ہوئے ہیں اور نہ ہی ہمارا دماغی توازن بگڑا ہے، البتہ احتیاط علی محتاط کے چھوٹے بھائی "غمگین علی غم زدہ" ضرور پاگل ہو چکے ہیں، ان کا ذہنی توازن بگڑنے کی بھی بڑی دلچسپ داستان ہے۔ ایک رات وہ، گھوڑے بیچ کر سو رہے تھے کی سانپ گھس آیا، جسے دیکھ کر ان کی گونگی شریک حیات نے "سانپ، سانپ کا ایسا شورِ قیامت برپا کیا غمگین علی غم زدہ جو جنم سے بہرے ہیں، اپنا ذہنی توازن کھو بیٹھے!

پاگل خانے کا ماحول بڑا ڈراونا تھا، بڑے سے ہال میں ٹی وی پر کوئی فلم چل رہی تھی، جس کے ارد گرد کچھ لوگ جمع تھے۔

"یہ کون لوگ ہیں؟"

ہم نے احتیاط علی محتاط سے سوال کیا۔۔۔؟

"یہ وہ پاگل ہیں جو فلم کا پہلے ہی دن پہلا شو دیکھنے کا جنون رکھتے تھے، اسی جنون نے انھیں آخر کار پاگل بنا دیا۔"

احتیاط علی محتاط نے رائے قائم کی۔

"شکل صورت سے تو یہ ہر گز پاگل دکھائی نہیں دیتے!"

ہم نے حیرت سے کہا۔

یہاں کوئی بھی شخص شکل صورت سے پاگل دکھائی نہیں دیتا، کیونکہ یہ ابتدائی درجے کے پاگل ہیں۔"

"اوہ آئی سی!"

ہم نے سر زور زور سے ہلایا۔

احتیاط علی محتاط اپنے بھائی کو لیکر ڈاکٹر کے کیبن میں گھس گئے تو ہم اکیلے ہو گئے۔ ہم ان کے ساتھ اس لئے بھی نہیں گئے کیونکہ ہم کچھ لمحات پاگلوں کے درمیان گزارنا چاہتے تھے۔ دراصل ایک زمانے سے ہمارے دل میں یہ خواہش پل رہی تھی کہ ہم پاگلوں سے دریافت کریں کہ وہ پاگل بن کر کیسا محسوس کر رہے ہیں۔؟ اگر ہمیں کوئی معقول جواب ملے تو پھر ہم خوشی خوشی پاگل بننے کے لئے تیار تھے۔ اب ہم آپ کو کیا بتائیں کہ ہمیں پاگلوں کو دیکھ کر بڑا رشک ہوتا ہے کیونکہ یہ دنیاوی فکروں سے بے نیاز اپنی ہی دنیا میں مگن ہوتے ہیں اور ان کی سب سے بری بات یہ ہوتی ہے کہ وہ بچوں کی طرح معصوم ہوتے ہیں!

ہم ہال میں موجود پاگلوں کا تفصیلی جائزہ لے رہے تھے دفعتًا کہ ہم بدک گئے کیونکہ کوئی شخص ہمارے نہایت قریب آکر نجانے کب سے ہمیں حسرت بھری نگاہوں سے گھورے جا رہا تھا۔

گھبرانے کی ضرورت نہیں ہے جناب، آپ اطمینان سے بیٹھیں، میں تو آپ کو اکیلا پاکر بات چیت کے لئے چلا آیا۔"

اجنبی شخص نہایت ملائم لہجے میں بولا۔

"بہت بہت شکریہ!"

ہم نے کھسیانی ہنسی کے ساتھ نو وارد کا شکریہ تو ادا کیا لیکن ہم یہ فیصلہ نہیں کر پا رہے تھے کہ یہ شخص پاگل ہے یا پھر کسی پاگل کا نارمل رشتہ دار! کیوں کہ یہاں کچھ پاگلوں کے ساتھ ان کے رشتہ دار بھی موجود تھے۔ ہم نے اس شخص سے راست طور پر پوچھنا اس لئے گوارا نہیں کیا کیوں کہ ہمیں ڈر تھا کہ کہیں وہ برا نہ مان جائے، لیکن ہم نے اپنے آپ میں یہ فیصلہ ضرور کر لیا تھا کہ ہم اس شخص کو گفتگو اور حرکات و سکنات سے اس کے تعلق سے کوئی نہ کوئی رائے قائم کر لیں گے۔ چنانچہ اس شخص سے کچھ دیر کی گفتگو سے ہی ہم نے تاڑ لیا کہ یہ شخص پاگل نہیں ہے۔

دریں اثناء ایک دبلا پتلا شخص دوڑتا ہوا بلکہ ہوا میں اڑتا ہوا ہماری جانب آیا اور اس نے ہمارے کان میں سرگوشی کی اسے سنتے ہی ہمارے ہوش اڑ گئے۔ اس نے کہا تھا کہ " جو شخص تمہاری گردن میں ہاتھ ڈالے بیٹھا ہے وہ ایک خطرناک قسم کا پاگل ہے، گردن میں ہاتھ ڈال کر بڑی بیدردی سے گردن مروڑ دیتا ہے!" اتنا سننا تھا کہ ہم نے فوری پاگل (جسے ہم نہایت سمجھدار انسان سمجھ رہے تھے) کا ہاتھ بڑے سلیقے سے اپنی گردن سے ہٹا دیا۔

"جناب آپ اپنی کوئی نشانی دیجئے!"

پاگل نے ہم سے فرمائش کر ڈالی۔

"ایسی کوئی نشانی ابھی ہمارے پاس موجود نہیں ہے۔"

ہم نے مسکرا کر تھوک نگلتے ہوئے بمشکل جملہ ادا کیا۔

"سل فون ہے نا۔"

پاگل نے ہمارے سل فون کی جانب نادیدہ نگاہوں سے دیکھتے ہوئے کہا:

ہم نے سٹپٹا کر سل فون شرٹ کی جیب سے نکالا اور اپنی پتلون کی جیب میں ٹھونستے

ہوئے کہا:

" نہیں نہیں، ہم سل فون نہیں دے سکتے۔ البتہ جب ہم دوبارہ یہاں آئیں گے تو آپ کو اپنی کوئی نہ کوئی نشانی ضرور دینگے۔"

ہمارا دوٹوک جواب سن کر پاگل خاموش نہیں ہوا بلکہ اس نے دلچسپ ریمارک کرڈالا:

" آپ کو یہاں آنے کے لئے خواہ مخواہ مزید رقم خرچ کرنی پڑے گی، بہتری اسی میں ہے کہ آپ مجھے ابھی اپنا سل فون دیدیں!"

پاگل کا یہ ہوش اڑادینے والا تبصرہ سن کر ہم سوچنے پر مجبور ہوگئے کہ اتنا دوراندیش انسان بھلا پاگل کیسے ہوسکتا ہے؟ لیکن ہمیں اپنی رائے اس وقت بدلنی پڑی جب وہ شخص ہمیں کھا جانے والی نظروں سے گھورنے لگا۔ ہم دل ہی دل میں مختلف آیات کا ورد کرتے ہوئے وہاں سے کھسک کر اس بھلے آدمی کے پاس جا پہنچے جس نے ہمیں سرگوشی کے ذریعہ چوکنا کردیا تھا۔

" آپ نے اپنا نام نہیں بتایا محترم؟"

ہم نے اس اجنبی سے گفتگو کا آغاز کیا۔

"جی میرا نام سلمان خان ہے!"

مریل قسم کے آدمی نے مسکرا کر جواب دیا، جس نے اپنی شرٹ فلم اسٹار سلمان خان کی طرز پر نجانے کس خوش فہمی میں کھلی رکھ چھوڑی تھی۔ اس کے پچکے ہوئے سینے کو دیکھ کر ایسا محسوس ہورہا تھا جیسے ہم کوئی ایکسرے دیکھ رہے ہیں۔ مجموعی طور پر کپڑے اور چپل سمیت اس آدمی کا وزن 25 کیلو سے زائد نہ تھا۔

"بڑی خوشی ہوئی سلمان صاحب آپ سے مل کر!"

ہم نے گرم جوشی سے مصافحہ کیا۔

"مجھ سے مل کر آپ کو خوشی کیوں ہوئی بھلا؟"

سلمان خان نے شرارتی انداز میں سوال داغا۔

"آپ سے مل کر ہمیں خوشی اس لئے ہوئی جناب، کیوں کہ ہم اپنے دوست احباب سے بڑی ڈھٹائی سے یہ کہہ سکتے ہیں کہ ہم۔ سلمان خان سے مل چکے ہیں!"

"اوہ اچھا اچھا!"

سلمان خان نے ایک زور دار قہقہہ فضا کی نذر کیا۔

"ویسے آپکی تعریف؟"

سلمان خان نے ہمارا طائرانہ جائزہ لیتے ہوئے سوال داغا۔

"جی ہم کالم نگار ہیں۔"

"اچھا اچھا! تو آپ مزدور ہیں، بلڈنگ کے لئے کالم بناتے ہیں۔"

"جی نہیں ہم کالم بناتے نہیں لکھتے ہیں۔"

"اچھا، اچھا! آپ کالم بناتے نہیں لکھتے ہیں، ویسے کالم کی تیاری میں سمنٹ اور ریتی تو آپ عمدہ استعمال کرتے ہونگے!"

"جی یہ؟ آپ یہ کیا کہہ رہے ہیں؟"

"ارے بھائی! آپ نے خود کہا ہے نا کہ آپ کالم بناتے ہیں!"

"ہم نے کب کہا کہ ہم کالم بناتے ہیں، ہم تو طنز و مزح پر مبنی کالم لکھتے ہیں بھائی۔"

تو یوں کہیئے نا کہ آپ رائٹر ہیں۔

"جی ہم رائٹر ہیں!"

"اچھا یہ تو بتایئے ایک کالم کے لئے کتنی ریتی اور سیمنٹ درکار ہوتی ہے۔؟"

جناب! ہم سیمنٹ اور ریتی بنانے والے مزدور نہیں ہیں بلکہ ہم قلم کے مزدور ہیں، طنز و مزاح لکھتے ہیں، کہہ تو دیا ہے!" اس بار ہمارے لہجہ میں شدید جھلاہٹ تھی۔

" ویری گڈ! تو آپ طنز و مزاح لکھتے ہیں، یہ آپ کو پہلے ہی کہنا چاہیئے تھا نا!" اور پھر قدرے توقف سے سلمان چہکے " عام طور پر آپ کس برانڈ کا سیمنٹ استعمال کرتے ہیں؟"

" جناب! ہم آپ سے بار بار کہہ چکے ہیں کہ ہم سیمنٹ اور ریتی سے بنے کالم کھڑے نہیں کرتے بلکہ ہم طنز و مزاح پر مبنی کالم لکھتے ہیں۔"

اس بار ہمارا غصہ شدت اختیار کر گیا۔

" ارے ہاں ہاں! تو آپ عمارت والے کالم کھڑے نہیں کرتے!"

" جی نہیں!"

" کالم لکھتے ہیں"

" جی ہاں!"

" تو فوری ہماری خدمت میں کوئی کالم پیش کیا جائے!"

سلمان خان کی فرمائش سن کر ہمیں ایسا لگا جیسے ہم کوئی طوائف ہیں اور سلمان خان ہم سے مجرے کی فرمائش کر رہے ہیں۔ اس کے باوجود مضمون سنانے کی خواہش سن کر ہمارے اندر کا کالم نگار مچل اٹھا اور ہم نے لگے ہاتھوں اپنی تیسری تصنیف "رنگے ہاتھوں" سے ایک مضمون منتخب کیا اور اسے شان بے نیاری سے سنانا شروع کر دیا۔

سلمان خان طنز و مزاح کے بہت بڑے شیدائی نکلے، وہ ہمارے مضمون کے ہر جملے بلکہ ہر لفظ پر اپنی بتیسی دکھا رہے تھے۔ جیسے جیسے ہم مضمون سناتے ہوئے آگے بڑھتے جا رہے تھے ویسے ویسے سلمان خان کے قہقہے تیز سے تیز تر ہوتے جا رہے تھے بلکہ

انھوں نے تو دیوانہ وار قہقہے لگاتے ہوئے قلابازیاں کھانا اور اچھل کود کرنا شروع کر دیا تھا اور ہم خود بھی اس قدر جذباتی بلکہ باؤلے ہو چلے تھے کہ سلمان خان کے پیچھے دوڑ دوڑ کر اپنا مضمون سنا رہے تھے۔ ابھی ہمارا مضمون اختتامی مرحلے سے گزر ہی رہا تھا کہ اچانک کسی کے مضبوط ہاتھوں نے پیچھے سے ہماری نازک گردن دبوچ لی اور کرخت لہجے میں ہم پر سوال داغا "پاگل خانے کے کس وارڑ سے تمہارا تعلق ہے؟"

ہم نے پلٹ کر دیکھا تو ایک ہٹے کٹے شخص کو اپنے پیچھے کھڑا پایا۔ اس کا سوال سنتے ہی ہمارے چہرے کی رنگت فق ہو گئی، ہم نے نہایت معصومیت سے جواب دیا "بھائی صاحب ہم پاگل نہیں ہیں!"

"تو آپ خنخوار پاگل کو اپنا مضمون اترا اترا کر کیوں سنا رہے تھے؟۔

"کک۔۔۔۔۔ کیا؟ ہم ایک پاگل وہ بھی خنخوار پاگل کو اپنا مضمون سنا رہے تھے؟"

"جی ہاں!" وہ شخص غرایا۔

صاحبو! اس ہٹے کٹے شخص کا انکشاف سن کر ہم بڑی عجیب و غریب کشمکش اور الجھن میں مبتلا ہو چکے تھے، کیونکہ اب تک ہمارے ساتھ یہی ہوتا آیا تھا کہ جس نے بھی کسی اور کو پاگل قرار دیا تھا بعد میں وہ خود پاگل نکلا تھا۔ ہم نے کھسیانے پن کا شکار ہو کر کھمبا نوچنے کے بجائے اپنے بال نوچے اور ایک پاگل خانے سے دوسرے پاگل خانے آ گئے۔ جی ہاں! دنیا بھی تو ایک پاگل خانہ ہی تو ہے، جہاں ہم سب آخرت سنوارنے کے بجائے فانی دنیا کے پیچھے دیوانہ وار دوڑے چلے جا رہے ہیں!

***

مسئلہ تذکیر و تانیث

نصرت ظہیر

انگریزی زبان میں اور چاہے کتنی بھی خامیاں ہوں، لیکن یہ بات بڑی اچھی ہے کہ اس میں تذکیر و تانیث کا مسئلہ اتنا شدید نہیں جتنا اردو میں ہے۔ مسئلہ تو خیر یہ ہندی زبان میں بھی ہے، لیکن وہ چونکہ راشٹر بھاشا ہے اس لئے سات خون معاف ہیں۔ چنانچہ کوئی کچھ نہیں بولتا، جس کے جو جی میں آتا ہے کہتا رہتا ہے۔ جبکہ اردو والے اتنے ذکی الحس واقع ہوئے ہیں کہ اگر کوئی کسی لفظ کی تذکیر یا تانیث میں ایک مرتبہ گڑبڑ کر دے تو ناراض اور دوسری یا تیسری مرتبہ کر دے تو بے ہوش ہو جاتے ہیں یا بے ہوش کر دیتے ہیں۔

انگریزی کا معاملہ خوب ہے، فری اسٹائل زبان ہے جو جس طرح چاہے بول اور لکھ پڑھ سکتا ہے۔ شیڈول (Schedule) کو آپ آرام سے اسکیڈول بولیں کوئی کچھ نہیں کہے گا اور اگر کہے تو پورے رعب سے کہہ دیجئے یہ امریکن انگلش ہے۔ مجال ہے جو کوئی چوں بھی کر جائے۔ پھر کسی اور محفل میں اسی لفظ کو اسچیڈول بول جایئے۔ وہاں بھی کوئی زبان کھولے تو ڈانٹ دیجئے کہ "چپ! خبر دار، یہ جرمن انگلش ہے۔" پھر دیکھئے کس طرح سب ٹھنڈے پڑ جاتے ہیں۔ عربی میں یہی لفظ مزے سے جدول بولا جاتا ہے، مگر خیر۔۔۔ انہیں کون کچھ کہہ سکتا ہے؟ وہ تو اسے اپنی زبان کا ہی لفظ مانتے ہیں۔ ویسے بھی

ان کا اصول ہے کہ سب کچھ اپنے حساب سے اور مزاج سے بولتے ہیں۔۔۔ اور نہیں بھی بولتے ہیں۔

مثلاً: عربی میں 'گاف' (گ) نہیں ہے پھر بھی بولتے ہیں۔ اور 'جیم' (ج) ہے پھر بھی نہیں بولتے، بلکہ جیم کی جگہ بھی گاف بولتے رہتے ہیں۔ اس مثال کی ایک مثال یہ ہے کہ جمال عبد الناصر کو عرب والوں نے ہمیشہ گمال عبد الناصر کہا۔

تاہم الفاظ، املا اور تلفظ کی ہیرا پھیری میں انگریزی تمام زبانوں سے آگے ہے۔ انگریزی ڈکشنریاں اٹھا کر دیکھ لیجئے۔ یہاں کا لفظ وہاں اور وہاں کا لفظ نہ جانے کہاں ملے گا۔ نائف یعنی چاقو ک یعنی k کے تحت ملے گا تو نمونیہ کون یعنی n کے تحت نہیں پ کے باب میں پائیں گے۔ اسی طرح سائیکالوجی ہونی چاہیے س یا S کی تختی میں، مگر وہ ملے گی پ P کے ماتحت جب کہ اسی باب میں سائیکل ڈھونڈیں تو کہیں نہیں ملے گی! وہ ملے گی اس حرف کے تحت جو پکارا تو 'سی' کے نام سے جاتا ہے، مگر آواز دیتا ہے کبھی 'ک' کی تو کبھی 'چ' کی اور کبھی 'س' کی۔ چنانچہ آپ کو سائیکل کے علاوہ کیٹ یعنی بلی بھی اسی میں ملے گی اور 'چارٹ' یعنی نقشہ بھی وہیں نظر آئے گا۔ یہاں تک کہ شراڈ (charade) یعنی چیستاں بھی اسی میں مل جائے گا۔ یہی وجہ تھی کہ ایک مشہور لطیفے میں کیمسٹری کو چیمسٹری بولنے والے لیکچرر چوپڑا جی کو ایک انگریز نے جل بھن کر مسٹر کھوپڑا کہنا شروع کیا تو مسٹر چوپڑا اس کا کچھ بھی نہ کر سکے۔ :battingeyelashes:

یہی حال جی G کا بھی ہے، اس حرف کا کوئی ٹھکانہ نہیں کہ کب کیا آواز نکال دے۔ کسی لفظ کے شروع میں آئے گا تو عام طور سے 'گ' کی آواز دے گا، لیکن جغرافیہ اور جبرائیل بھی اسی کے تحت مل جائیں گے۔ یہی 'جی' بیچ میں آجائے تو الجبرا کی 'ج' بن جائے گی اور میگنٹ (مقناطیس) میں 'گ' کی آواز دے گی، لیکن یہی 'جی' ہ یا H کے ساتھ مل

جائے تو کبھی 'ف' بن جائے گی (جیسے رف rough) اور کبھی بالکل ہی غائب ہو جائے گی، جیسے 'ہائی' high۔ مرزا غالب نے غالباً اسی سے پریشان ہو کر کہا تھا: کوئی میرے جی سے پوچھے ترے تیر نیم کش کو وغیرہ وغیرہ۔ غالباً اسی لئے انہوں نے انگریزی کی تعلیم حاصل نہیں کی۔

لیکن اس تمام گڑبڑ گھوٹالے کے باوجود انگریزی میں تذکیر و تانیث کے معاملے میں کوئی ایسی خاص پیچیدگی نہیں ہے۔ سیدھا سادا حساب ہے۔ ہی he مذکر ہوتی ہے اور شی she مونث ہوتا ہے۔ اسی طرح جان داروں میں نر مذکر ہے مادہ مونث۔ بے جان چیزیں نہ مذکر ہوتی ہیں نہ مونث۔ بس 'دس' اور 'دیٹ' کے دائرے میں گھومتی رہتی ہیں۔ البتہ بحری جہاز اور ملکوں کے لئے جنس مقرر کر دی ہے اور ان کے لئے 'شی' اور 'ہر' کا استعمال کیا جاتا ہے۔ چنانچہ جہاز دخانی ہو یا ملک افغانی، انگریزی میں دونوں مونث ہی رہیں گے۔

مگر ایک لطف کی بات ہے کہ جانداروں کے لئے اگرچہ انگریزی میں تذکیر و تانیث کا پورا خیال رکھا جاتا ہے، تاہم خود اپنی جنس انگریز حضرات کبھی نہیں کھولتے۔:nailbiting حالانکہ جنسی معاملات میں انہیں خاصا آزاد خیال تصور کیا جاتا ہے۔ انگریز اور انگریزی داں جب بھی فرسٹ پرسن (صیغہ واحد متکلم) میں بات کرتے ہیں تو اپنی جنس پر ایسا پردہ ڈال دیتے ہیں کہ پتہ ہی نہیں چلتا وہ بول رہا ہے یا بول رہی ہے۔ 'میں آیا ہوں' اور 'میں آئی ہوں' دونوں کی انگریزی، انگریزی زبان میں ایک ہے۔ 'آئی ہیو کم'! I have come'

یہی وجہ ہے کہ راقم انگریزی کے ان ادبی افسانوں اور ناولوں کا مطالعہ عموماً نہیں کرتا جو صیغہ واحد متکلم میں لکھے گئے ہوں۔ کیونکہ ان میں مسئلہ یہ رہتا ہے کہ میں آدھی

کہانی (اور کبھی کبھی تو پوری کہانی) پڑھ کر بھی یہ نہیں سمجھ پاتا کہ بیان کرنے والا مذکر ہے یا مونث، تاوقتیکہ کہانی میں اس کے شوہر یا بیوی کا ذکر نہ آجائے۔ :grin:

فرسٹ پرسن ہی نہیں، سیکنڈ پرسن اور کبھی کبھی تھرڈ پرسن کی جنس بھی واضح نہیں ہو پاتی۔ چنانچہ تم آئے ہو، یا تم آئی ہو، اور وہ آئے ہیں یا وہ آئی ہیں کو بھی ایک ہی طرح سے بولا اور لکھا جاتا ہے۔ اس طرح کہا جا سکتا ہے کہ انگریزی میں بیشتر اشخاص کی جنس غیر واضح رہتی ہے اور اس کا صرف دوسری علامتوں سے ہی ٹھیک ٹھیک پتہ چل پاتا ہے۔

بچپن میں غلطی سے ایک مرتبہ کلاس میں ماسٹر صاحب سے پوچھ لیا تھا کہ "ماصّاب ، طوطا مذکر ہے یا مونث؟" اس کی سزا یہ ملی کہ ماسٹر صاحب نے زور سے گھور کر دیکھا اور بنچ پر کھڑا کر دیا۔ جب پیریڈ ختم ہوا تو پاس آئے اور میرا کان مسلتے ہوئے بولے: "برخوردار، طوطا اگر بول رہا ہو تو مذکر ہے اور بول رہی ہو تو مونث! سمجھے؟ اب بیٹھ جاؤ اور گرامر یاد کرو۔"

جیسا کہ عرض کیا جا چکا ہے، اردو میں تذکیر و تانیث کا مسئلہ بڑا ٹیڑھا، نازک اور پیچیدہ ہے۔ ہمارے ہاں انگریزی کے برعکس جانداروں کے علاوہ بے جان چیزوں کے لئے بھی تذکیر و تانیث طے کرنی پڑتی ہے اور وہ بھی کسی طے شدہ اصول کے بغیر! موٹے طور پر بے جان چیزوں کے لئے تذکیر و تانیث اسی اصول کے تحت طے کی جاتی ہے، جس طرح ہمارے مردانہ سماج نے مرد اور عورت کی طے کی ہے۔ یعنی جو چیز دیکھنے میں بڑی اور طاقت ور ہو وہ مذکر اور جو چھوٹی اور کمزور ہو وہ مونث۔ مثلاً لوٹا مذکر ہے تو لٹیا مونث۔ اسی طرح پراٹھا مذکر ہے تو روٹی مونث اور چپاتی اور بھی زیادہ مونث۔ :rollingonthefloor: اور بھی سیکڑوں چیزیں ہیں جیسے پہاڑ اور پہاڑی، دریا اور ندی، شہر اور بستی، محل اور جھونپڑی وغیرہ وغیرہ، لیکن یہاں بھی ایک قباحت ہے۔

پہاڑی پہاڑ سے چھوٹی ہوتی ہے، لیکن ٹیلہ پہاڑی سے چھوٹا ہوتا ہے پھر بھی مذکر کہلاتا ہے۔ اسی طرح ندی کے مقابلے میں نالہ، بستی کے آگے محلّہ اور جھونپڑی کے سامنے گھونسلہ چھوٹا ہونے پر بھی مذکر بن جاتا ہے۔ کچھ اور مثالیں ہیں:

ٹرک، کار اور ٹمپو۔ کوٹ قمیص اور بنیان۔ تہمد، پتلون اور نیکر۔ قالین، دری اور غالیچہ۔ تربوز، نارنگی اور آلو بخارا۔

ان سب میں بڑی چیز مذکر ہے، اس سے چھوٹی مونث اور مونث سے چھوٹی اور کمزور پھر مذکر بن گئی ہے۔ پھر کئی معاملوں میں بڑے اور چھوٹے کی بھی تمیز نہیں ہے۔ مثلاً دہلی کی شاہجہانی جامع مسجد اتنی بڑی ہونے پر بھی مونث ہے، مگر اس کے قریب جین بھائیوں کا چھوٹا سا لال مندر مذکر کہلاتا ہے۔ کرسی اور اسٹول، کتاب اور کتابچہ، رضائی اور کمبل، اور دہلی و ہونولولو کے ساتھ بھی یہی معاملہ ہے کہ مونث بڑی ہے مذکر چھوٹا۔

لیکن ایسا نہیں کہ مسئلہ صرف بے جان چیزوں کی تذکیر و تانیث تک ہی محدود ہے۔ کئی بار جان دار مخلوق کی جنس میں بھی شبہ ہو جاتا ہے۔ مثلاً مکھی، مچھر، تتیّا، تتلی، چیتا وغیرہ ایسی ہی چیزیں جن کی مخالف جنس کے لئے الگ سے کوئی لفظ اردو میں نہیں پایا جاتا۔ ایک مرتبہ کسی نے پوچھا گینڈے کی مونث کو کیا کہیں گے۔ جواب دینے والے نے کہا کہ یوں تو اسے آپ گینڈی کہہ سکتے ہیں، لیکن یہ لفظ چونکہ سننے میں گینڈے سے زیادہ مکروہ ہے، اس لئے بہتر ہوگا اسے مادہ گینڈا کہہ لیا جائے۔:drooling: اس پر اردو کے ایک پڑھے لکھے پروفیسر نے (جو آج کل بہت کم پائے جاتے ہیں) فوراً مداخلت کی اور کہا: "لاحول ولا قوۃ۔ یعنی آپ فوری طور پر اردو کا بیڑا غرق کر دینا چاہتے ہیں۔ خدانہ کرے یہ فارمولہ رواج پا گیا تو جانتے ہیں کیا ہوگا؟"

"کیا ہوگا؟" ان صاحب نے تھر تھر کانپتے ہوئے سہمی ہوئی آواز میں پوچھا۔

"ہو گا یہ کہ لوگ مرغی کو مادہ مرغ، اونٹنی کو مادہ اونٹ، عورت کو مادہ مرد اور بیوی کو مادہ شوہر کہنے لگیں گے۔ اسی طرح بکرے کو نر بکری، ہاتھی کو نر ہتھنی اور پلنگ کو نر چارپائی کہنے میں بھی لوگ مضائقہ نہیں سمجھیں گے۔ صرف ایک چیز بچے گی جو ازل سے مذکر ہے اور ہمیشہ مذکر رہے گی کہ نہ اس کی مادہ ایجاد ہوئی ہے نہ کبھی ہو گی۔ جانتے ہو وہ کیا ہے؟"

"کیا؟" سب نے بیک آواز پوچھا۔

"حقہ!" اردو پروفیسر نے جواب دیا اور زور سے سگریٹ کے کش لینے لگا۔

اب آپ ہی بتائیے کہ ان حالات میں تذکیر و تانیث طے کرنے کا کوئی سیدھا اور واضح اصول کیسے بن سکتا ہے۔ پر ایک جھگڑا یہ ہے کہ لوگوں نے خود بھی اپنی اپنی تذکیر و تانیث طے کر رکھی ہے۔ مثال کے طور پر دہلی میں جو یوپی والے ہیں وہ دہلی انتظامیہ کو مذکر مانتے ہیں جب کہ بہار کی طرف کے لوگ اسے مونث کہتے ہیں۔ اور جو لوگ نہ یہاں کے ہیں نہ وہاں کے وہ سرے سے ہی اس کے وجود کو نہیں مانتے۔:dancing: اکثر ایک دوسرے سے پوچھتے رہتے ہیں، کدھر ہے دہلی انتظامیہ، کہاں ہے میونسپل کارپوریشن؟

ویسے مشرقی یوپی اور بہار کی طرف کے اردو دانوں کی بات ہی الگ ہے۔ یہ لوگ اردو کے معاملے میں پورے انگریز ہیں اور اسے اپنی مرضی سے، جس طرح چاہتے ہیں استعمال کرتے رہتے ہیں۔ تذکیر و تانیث کی تو بات ہی جانے دیں۔ واحد اور جمع کے صیغوں کی بھی پروا نہیں کرتے۔ ایک صاحب ہیں، غالباً بہار کی طرف کے، جو ریڈیو پر کرکٹ کی کمنٹری دیا کرتے تھے۔ کھیل کا حساب وہ بالعموم اس طرح بتایا کرتے تھے:

"۔۔۔ سری کانت نے 85 رن بنایا ہے اور روی شاستری کے صرف ایک رن بنے ہیں۔ مظفر نگر نے۔۔۔ معاف کیجئے مدثر نذر نے چھ اوور گیند پھینکا ہے اور وسیم اکرم کے

ابھی ایک اوور پورے ہوئے ہیں۔ اس وقت دوپہر کا سوا بارہ بجا ہے اور امید کرنی چاہیے کہ جب ایک بجیں گے اور لنچ کے بعد کی کھیل شروع ہوگی تب تک وکٹ اور دھیما کھیلنے لگے گی۔ تو آیئے تب تک میں آپ کو اسٹوڈیو واپس لئے چلتی ہوں۔۔۔ معاف کیجئے چلتا ہوں!"

تذکیر اور تانیث کا کوئی واضح اصول نہ ہونے کی ہی وجہ ہے کہ اردو کے ہزاروں ادیب اور شاعر لاکھ سر مارنے پر بھی آج تک بلبل جیسے حقیر و فقیر پرندے کی جنس طے نہیں کر پائے ہیں۔: بلبل کی جنس پر اب تک اتنے ادبی جھگڑے اور فساد برپا ہو چکے ہیں کہ کچھ مت پوچھئے۔ شاعروں نے اپنی اپنی ضرورت، ذوق اور ذائقے کی مناسبت سے اسے مذکر اور مونث دونوں طرح باندھا ہے۔ کسی شاعر کے جی میں آیا تو اس نے یہ لکھ کر گوا دیا:

دھیرے دھیرے آرے بادل دھیرے دھیرے آ
میرا بلبل سو رہا ہے شور و غل نہ مچا

کسی اور شاعر کے جی میں آئی تو اس نے لکھ دیا:

ایک تھا گل اور ایک تھی بلبل دونوں چمن میں رہتے تھے

پھر یہ خیال کر کے کہ بات بالکل پکّی ہو جائے اس سلسلے میں اپنے ایک بزرگ کا حوالہ دیتے ہوئے تذکیر و تانث کی تصدیق کے لئے یہ مصرع لگا دیا کہ:

ہے یہ کہانی بالکل سچّی میرے نانا کہتے تھے:

ایک مرتبہ میں نے مسئلۂ بلبل کے سلسلے میں میاں عبدالقدوس سے رجوع کیا تو انہوں نے فرمایا:

"تذکیر و تانیث مزاج اور اور ذوق کا معاملہ ہے میاں اور آپ کی حسِ جمالیات کا

بھی۔ جہاں تک بلبل کی جنس کا تعلق ہے تو اپنے موقف کی تائید میں ایک مرتبہ میں نے ایک شعر فی البدیہہ کہا تھا۔ تم بھی سن لو:

ان کا جو صیغہ ہو وہ اہلِ گرامر جانیں

میرا بلبل تو مونث ہے جہاں تک پہنچے!

امید ہے اس سے میرا موقف واضح ہو گیا ہو گا۔"

"لیکن آپ نے مونث بلبل کو بھی میرا کہہ دیا ہے۔ اس سے بات پھر الجھ گئی ہے۔"

"الجھ نہیں گئی الجھائی گئی ہے اور اسی کو استادی کہتے ہیں۔ بہر کیف بلبل کے مسئلے کا حل میرے نزدیک یہ ہے کہ اسے مونث مان لیا جائے۔"

"تو پھر مذکر بلبل کو کیا کہیں گے؟" میں نے پوچھا۔

"بلبلہ!" انہوں نے نہایت اطمینان سے کہا۔

***

سیاسی اردو ادب

فاروق قیصر

ہمارے ہاں چونکہ جیل میں چھوٹے لوگوں کو " صعوبتیں " اور بڑے لوگوں کو "سہولتیں" حاصل ہوتی ہیں، لہٰذا اکثر بڑے لوگوں کے لیے جیل "جسٹ فار اے چینج" اور چھوٹے لوگوں کے لیے "جسٹ فار اے چیلنج" کے مترادف ہوتی ہے۔ بڑے لوگ جب جیل میں ہوتے ہیں تو باقاعدگی سے وہ کام شروع کر دیتے ہیں جنہیں کرنے کی انہیں جیل سے باہر فرصت نہیں ملتی، مثلاً داڑھی رکھ لینا، پانچ وقت کی نماز پڑھنا، تین وقت مطالعہ اور ہمہ وقت کتاب لکھنا وغیرہ وغیرہ۔

بقول انکل سرگم، جیل ایک ایسی بے ادب جگہ ہے، جہاں بڑا بڑا ادب تخلیق ہوتا ہے۔ بڑے لوگ جیل سے باہر بڑے بے ادب ہو جاتے ہیں، جیل میں پہنچتے ہیں باادب ہو کر "ادب" تخلیق کرنا شروع کر دیتے ہیں۔ بڑے لوگوں کو جیل میں اکثر دوسری چیزوں کے بارے میں " لگ پتہ " جانے کے علاوہ اپنے ملک کے بڑے بڑے دانشوروں، شاعروں، ادیبوں کے بارے میں بھی پتہ چل جاتا ہے کہ "ہوؤ از ہو؟" (Who is Who) یعنی اس جیل میں کون کون رہ چکا ہے؟ چنانچہ کہا جا سکتا ہے کہ ہمارے ہاں سیاستدانوں کے لیے بہترین "درس گاہ" اور دانشوروں کے لیے بہترین "ادب گاہ" جیل ہی ہے۔

بونگے کا اصرار ہے کہ جس طرح ایک اچھا ادب اور اچھا ٹی وی ڈرامہ تخلیق کرنے پر ادیب یا ٹی وی پروڈیوسر کا ایوارڈ دیا جاتا ہے، اسی طرح بُرا ادب اور گھٹیا ڈرامہ پروڈیوس کرنے پر ادیب یا پروڈیوسر کو سزا بھی ملنی چاہیے۔ ماسی مصیبتے کو ڈر ہے کہ اگر ایسا ہو گیا تو جیلوں میں ٹی وی پروڈیوسروں کے دھرنے کی جگہ بھی نہیں رہے گی۔

بقول انکل سرگم، معاشرتی برائی طنز و مزاح کی جڑ ہے یعنی معاشرے میں جتنی گھٹن ہو گی اتنا ہی طنز و مزاح کے لیے مواد پیدا ہوتا ہے۔ فیض کی شاعری ہو، بھٹو کی آپ بیتی، جاوید ہاشمی یا احمد ندیم قاسمی کی "جیل بیتی" جیلوی ادب ہمیشہ معاشرے میں نہ صرف پاپولر رہا ہے بلکہ اس سے "مقید" ادب کو نکھار بھی ملتا رہا ہے۔

انکل سرگم کے تجزیئے کے مطابق جو لوگ جیل میں رہنے کے بغیر ہی طنز نگار بنے ہوئے ہیں ان کو اپنے طنز میں نکھار پیدا کرنے کے لیے جیل کا ایڈوانس تربیتی کورس کر لینے کا سوچنا چاہیے۔ اس ضمن میں انور مقصود اور ڈاکٹر یونس بٹ کے ساتھ ساتھ ڈاکٹر انعام الحق جاوید کو اپنے مداحوں کی دلچسپی کے لیے اپنی مصروفیت میں سے وقت نکال کر جیل جانے کا سوچنا پڑے گا۔ کچھ نامور اور بڑے لوگوں کو جیل ہو جانے سے جیلیں بھی اتنی اچھی لگنا شروع ہو جاتی ہیں کہ عام بندے کا جیل جانے کو جی کرتا ہے۔ بڑے اور مشہور بندے کے جیل جانے کی شہرت پر بھی اچھا اثر پڑتا ہے۔ ہو سکتا ہے کہ بڑے بڑے ہوٹلوں کی طرح کل کو جیل کے استقبالیہ پر آپ کو یہ لکھا ہوا نظر آئے کہ "جیل کو فیض، احمد ندیم قاسمی، آصف زرداری اور بھٹو جیسے مشہور "دانشوروں" اور "سیاست گروں" کی میزبانی کا شرف حاصل رہا ہے، جنہوں نے جیل کے ادب کو ملحوظ خاطر رکھتے ہوئے یہاں بڑا بڑا ادب تخلیق کیا۔"

ہماری جیلوں کے ادب و آداب کو پیش نظر رکھتے ہوئے اگر سرکار جیلوں میں

سیاستدانوں اور دانشوروں کی موجودگی کا فائدہ اٹھاتے ہوئے ان کی سربراہی میں جیل میں سیاسی اور ادبی کلاسوں کا اجرا کر دے تو ہماری جیلوں کو نہ صرف ایک "سیاسی و ادبی ادارے" کی حیثیت حاصل ہو سکتی ہے بلکہ اس عمل سے "سی کلاس" کے قیدی کل کو "اے کلاس" کے "کلاسیکل" ادیب اور سیاستدان بن کے باہر آ سکتے ہیں۔

بقول سرگم، جیل سے باہر ادب پر تو جمود طاری ہو سکتا ہے، مگر جیل کے اندر ادب پر کبھی جمود طاری نہیں ہوتا۔ جیل میں ہر بندہ ایک دوسرے کا ادب کرتا ہے جبکہ جیل سے باہر تنقیدی ادب پر جو خوف طاری ہوتا ہے اسے لوگ جمود سمجھتے ہیں۔ بے خوف ادب والے کو جیل ہو سکتی ہے، لہٰذا جیل میں آ کر بندے پر سے خوف اتر جاتا ہے اور ادب طاری ہو جاتا ہے۔

جیل میں ادب کی کئی قسمیں پائی جاتی ہیں، جنہیں "کلاس کا ادب" کہا جاتا ہے۔ کلاس کے ادب میں جسے "اے کلاس" ملتی ہے اسے "بڑا ادب" ملتا ہے۔ شاید اسی لئے بڑے بندے جیل جاتے ہی "اے کلاس" حاصل کرنے کی تگ و دو میں لگ جاتے ہیں، تاکہ ان کا شمار "بڑے ادیبوں" میں ہو۔ جیل سے پہلے بڑا آدمی چونکہ ادب سے بے بہرہ ہوتا ہے، لہٰذا جیل میں وہ اس کمی کو پورا کرتا ہے۔ کئی بڑے سیاستدانوں کو جیل میں مطالعہ کے لئے جو ادب ملتا ہے، وہ اسے اپنی بساط کے مطابق سمجھ کر اس میں سے کوئی سیاسی نتیجہ اخذ کرتے ہیں۔ فارغ وقت اور یکسوئی ملنے سے اسے شعر اور نثر کے مطلب ذو معنی لگتے ہیں۔

وہ لوگ جن کو جیل سے باہر تعلیم مکمل کرنے کا وقت نہیں ملتا وہ جیل میں کوئی نہ کوئی امتحان پاس کرنے کو اپنا پہلا اور آخری موقع تصور کرتے ہیں۔ ایسے لوگ جیل سے باہر تو کوئی عوامی مسئلہ حل کریں نہ کریں، جیل میں سیاسی پرچے بڑی خوبی سے حل کر سکتے

ہیں۔

انکل سرگم نے اس سلسلے کا فائدہ اٹھاتے ہوئے اپنی ایک "گٹ تھرو گائیڈ" نکالی ہے، جو جیل میں سیاسی بڑوں کے کام آسکتی ہے۔ ذیل میں سیاسی ادب کی اردو شاعری کا پرچہ اور اس کا حل پیش ہے:

پرچہ۔۔۔اردو ادب۔۔۔(سیاسی)

س) اردو ادب کے معروف شاعروں کے مقبول شعروں کا مصرعہ اولیٰ یا مصرعہ ثانی تبدیل کر کے شعر مکمل کریں یا شعر کی تشریح کریں:

شعر:(مصرعہ اول)(پروین شاکر)

وہ تو خوشبو ہے ہواؤں میں بکھر جائے گا

ج) مسئلہ کشمیر کا ہے، کشمیر کدھر جائے گا؟

شعر (پروین شاکر)

کُوبہ کُو پھیل گئی بات شناسائی کی

مصرعہ ثانی۔۔۔

بات تو سچ ہے مگر بات ہے مہنگائی کی

مصرعہ ثانی۔۔۔(غالب)

جانے کیوں تم سے پیار کرتا ہوں

میں نہیں جانتا ہوا کیا ہے؟

تشریح: اس شعر میں صدر جنرل پرویز مشرف صاحب نے قاضی صاحت کو مخاطب کرتے ہوئے حیرت کا اظہار کیا ہے اور فیصلہ عدالت پر چھوڑ دیا ہے۔

شعر: مصرع ثانی (ذوق)

لائی عوام، آئے، پولیس لے چلی چلے

اپنی خوشی آئے، نہ اپنی خوشی چلے

تشریح: لگتا ہے جیسے اس شعر میں نواز شریف صاحب نے اپنے سعودی سفر سے بیزاری کا اظہار کیا ہے۔

شعر:

چپکے چپکے رات دن پیسہ بنانا یاد ہے

مصرعہ ثانی۔۔۔۔

تم کو اپنی بے ایمانی کا زمانہ یاد ہے

مندرجہ بالا شعر میں لگتا ہے جیسے چیئرمین احتساب بیورو نے آصف زرداری پر طنز کیا ہے۔

شعر:(مصرعہ اول۔ فیض)

مجھ سے پہلی سے محبت میرے محبوب نہ مانگ

مصرعہ ثانی

سر پر اب بال ہیں، نہ دانت نہ آنکھ نہ ٹانگ

تشریح: مندرجہ بالا شعر میں ایک پرانے سیاستدان نے عوام کو مخاطب کر کے اپنی بے بسی کا اظہار کیا ہے۔

***

تھالی کا بینگن

کرشن چندر

تو جناب جب میرم پور میں میرا دھندہ کسی طور نہ چلا، فاقے پر فاقے ہونے لگے اور جیب میں آخری اٹھنی رہ گئی تو میں نے اپنی بیوی سے پوچھا کہ گھر میں تھوڑا سا آٹا بھی نہیں ہے کیا؟ وہ نیک بخت بولی: "چار چپاتی کا ہو گا۔" میں نے جیب میں سے آخری اٹھنی نکال کر اسے دیتے ہوئے کہا: "جا بازار سے بینگن لے آ، آج چپاتی کے ساتھ بینگن کی بھاجی کھالیں گے۔" وہ نیک بخت بولی: "اس وقت تو کھالیں گے، شام کے کھانے کا کیا ہو گا؟" "تو فکر نہ کر، وہ اوپر والا دے گا۔" میں نے کہا۔ پھر میری نظر شیشے کے اس بکس پر پڑی جس میں چھوٹا سا تاج محل رکھا ہوا تھا۔ یہ تاج محل میں نے نئی نئی شادی کے دنوں میں اپنی بیوی کے لیے آگرہ میں خریدا تھا اور تاج محل کو دیکھ کر ہی خریدا تھا۔ محبت بھی کیا چیز ہے، اس بیس روپے کے تحفے کو پا کر میری بیوی کا چاند سا مکھڑا گلابی ہو گیا تھا۔ اس وقت جب میں نے اس شیشے کے تاج محل کو دیکھ کر کہا: "کچھ نہ ہوا تو اس کھلونے کو بیچ دیں گے۔" تو جناب اس کا چہرہ ایسا پیلا پڑ گیا جیسے کسی نے یکایک اس کے چہرے کا سارا خون کھینچ لیا ہو، خوف، مجبوری اور ناامیدی کے ملے جلے جذبات سے لرزتی ہوئی آواز میں بولی: "نہیں اس میں اِسے بیچنے نہ دوں گی، یہ تو۔۔۔ یہ تو میرے سہاگ کی نشانی ہے۔" میں نے اس کا غصہ ٹھنڈا کرتے ہوئے بہت نرمی سے کہا: "اچھا نہیں بیچیں گے اِسے، کچھ اور بیچ دیں گے۔

ہو سکتا ہے اوپر والا کوئی اور سبیل کر دے، تو اس وقت جا کر بینگن تو لے آ، بھوک سے مرا جارہا ہوں۔"

وہ بازار سے بینگن لے آئی۔ رسوئی میں بیٹھ کر اس نے پہلا بینگن کاٹا ہی تھا کہ اسے اندر سے دیکھ کر ٹھٹھک گئی۔ "ارے" اس کے منہ سے بے اختیار نکلا۔ "کیا ہے؟" میں رسوئی کے اندر گیا اس نے مجھے کٹا ہوا بینگن دکھایا۔ "دیکھو تو اس کے اندر کیا لکھا ہے؟" میں نے غور سے بینگن دیکھا۔ بینگن کے اندر بیج کچھ اس طرح ایک دوسرے سے جڑ گئے تھے کہ لفظ اللہ صاف دکھائی دے رہا تھا۔ "ہے بھگوان" میں نے اپنے ماتھے پر ہاتھ رکھ کر کہا: "یہ تو مسلمانوں کا اللہ ہے۔"

محلہ پور بیاں جہاں میں رہتا تھا، ملا جلا محلہ ہے یعنی آدھی آبادی ہندوؤں کی اور آدھی مسلمانوں کی ہے۔ لوگ جوق در جوق اس بینگن کو دیکھنے کے لیے آنے لگے۔ ہندوؤں اور مسیحیوں کو تو اس بینگن پر یقین نہ آیا لیکن حاجی میاں چھنن اس پر ایمان لے آئے اور پہلی نذر نیاز انہوں نے ہی دی۔ میں نے اس کٹے ہوئے بینگن کو اس شیشے کے بکس میں رکھ دیا جس میں تاج محل رکھا تھا۔ تھوڑی دیر میں ایک مسلمان نے اس کے نیچے ہرا کپڑا اچھا دیا۔ منن میاں تمبا کو والے نے قرآن خوانی شروع کر دی۔ پھر کیا تھا شہر کے سارے مسلمانوں میں اس بینگن کا چرچا شروع ہو گیا۔ جناب! سمتی پورہ سے میمن پورہ تک اور ہجواڑے سے کمانی گڑھ تک اور ادھ ٹیلا میاں کے چوک سے لے کر محلہ کوٹھیاراں تک سے لوگ ہمارا بینگن دیکھنے کے لیے آنے لگے۔

لوگ باگ بولے ایک کافر کے گھر میں ایمان نے اپنا جلوہ دکھایا ہے۔ نذر نیاز بڑھتی گئی۔ پہلے پندرہ دنوں میں سات ہزار سے اوپر وصول ہو گئے۔ جس میں سے تین سو روپے سائیں کرم شاہ کو دیے جو چرس کا دم لگا کر ہر وقت اس بینگن کی نگرانی کرتا تھا۔

پندرہ بیس دن کے بعد جب لوگوں کا جوش ایمان ٹھنڈا پڑتا دکھائی دیا تو ایک رات جب سائیں چرس کا دم لگا کر بے سدھ پڑا تھا میں نے آہستہ سے اپنی بیوی کو جگایا اور کٹے ہوئے بینگن کے اوپر سے شیشے کا بکس ہٹا کر کہا:" دیکھو کیا دِکھائی دیتا ہے۔" وہ بولی:"اللہ۔" میں نے کٹے ہوئے بینگن کا رخ ذرا سا سرکایا اور پوچھا:"اب کیا دکھائی دیتا ہے؟" "اوم، ارے یہ تو اوم ہے۔" میری بیوی نے انگلی ٹھوڑی پر رکھ لی۔ اس کے چہرے پر استعجاب تھا۔ راتوں رات میں نے پنڈت رام دیال کا دروازہ کھٹکھٹایا اور اسے بلا کر کٹے ہوئے بینگن کا بدلا ہوا رخ دکھایا۔ پنڈت رام دیال نے چیخ کر کہا:"ارے یہ تو اوم ہے اوم۔ اتنے دنوں تک مسلمانوں کو دھوکا دیتے رہے۔" اس کی چیخ سن کر سائیں کرم شاہ جاگ گیا۔ اس کی کچھ سمجھ میں نہ آرہا تھا یہ کیا ہو رہا ہے۔ وہ پھٹی پھٹی سرخ آنکھوں سے ہماری طرف دیکھ رہا تھا۔ پنڈت رام دیال نے اسے لات مار کر کہا:" نکل بے، ہمارا دھرم بھرشٹ کرتا ہے، اوم کو اللہ بتاتا ہے۔" بس پھر کیا تھا سارے شہر میں یہ خبر آگ کی طرح پھیل گئی کہ کٹے ہوئے بینگن کے اندر دراصل "اوم" کا نام کھدا ہوا ہے۔ اب پنڈت رام دیال نے اس پر قبضہ جمالیا۔ رات دن آرتی ہونے لگی۔ بھجن گائے جانے لگے، چڑھاوا چڑھنے لگا۔ میں نے رام دیال کا حصہ بھی رکھ دیا تھا کہ جو محنت کرے اسے بھی پھل ملنا چاہیے، لیکن بینگن پر ملکیت میری ہی رہی۔ اب شہر کے بڑے بڑے سنت جوگی اور شدھ مہاتما اور سوامی اس بینگن کو دیکھنے کے لیے آنے لگے جہاں اللہ نے اوم بن کر اس کٹے ہوئے بینگن میں گویا مسلمانوں کو شکست دی تھی اور پانی پت کی تینوں لڑائیوں کا بدلا چکا دیا تھا۔ شہر میں جابجا لیکچر ہو رہے تھے۔ ہندو دھرم کی فضیلت پر دھواں دار بھاشن دیے جا رہے تھے۔ شہر میں تناؤ کی سی کیفیت پیدا ہو گئی تھی۔ ہندو کہتے تھے یہ اوم ہے، مسلمان کہتے تھے یہ اللہ ہے۔ اللہ اکبر۔ ہری اوم ست۔ اگلے پچیس دنوں میں کوئی

پندرہ بیس ہزار کا چڑھاوا چڑھا اور سونے کی انگوٹھیاں اور سونے کا ایک کنگن بھی ہاتھ آیا لیکن آہستہ آہستہ لوگوں کا خمار پھر ڈھلنے لگا۔ تو جناب! میں نے سوچا اب کوئی اور ترکیب لڑانی چاہیے۔ سوچ سوچ کر جب ایک رات پنڈت رام دیال بھنگ کے نشے میں دھت فرش پر لیٹے ہوئے تھے، تو میں نے اپنی بیوی کو جگا کر کہا: "نیک بخت دیکھو اس شیشے کے بکس کے اندر کٹے ہوئے بینگن کے اندر تمہیں کیا دکھائی دیتا ہے؟" "اوم ہے صاف اوم ہے۔" میں نے اوم کا زاویہ ذرا سا اور سرکا دیا! اور پوچھا "اب بتا کیا دکھائی دیتا ہے؟" وہ دیکھ کر گھبرا گئی۔ منہ میں انگلی ڈال کر بولی: "ہے رام یہ تو عیسائیوں کی صلیب ہے۔" "شش۔" میں نے اپنے ہونٹوں پر انگلی رکھتے ہوئے کہا: "بس کسی سے کچھ نہ کہنا۔ صبح تک چپ رہنا ہوگا۔ کل اتوار ہے۔ کل صبح میں پادری ڈیورنڈ سے ملوں گا۔"

کٹے ہوئے بینگن میں مسیحی صلیب کو دیکھنے کے لیے پادری ڈیورنڈ اپنے ساتھ گیارہ عیسائیوں کو لے آئے اور بینگن کی صلیب دیکھ کر اپنے سینے پر بھی صلیب بنانے لگے۔ اور عیسائیوں کے بھجن گانے لگے اور سر پر جالی دار رومال اوڑھے خوب صورت فراک پہنے سڈول پنڈلیوں والی عورتیں اس معجزے کو دیکھ کر نہال ہوتی گئیں۔ شہر میں تناؤ اور بھی بڑھ گیا۔ ہندو کہتے تھے اس بینگن میں اوم ہے، مسلمان کہتے تھے اللہ ہے، عیسائی کہتے تھے صلیب ہے۔ بڑھتے بڑھتے ایک دوسرے پر پتھر پھینکے جانے لگے۔ اکا دکا چھرے بازی کی وارداتیں ہونے لگیں۔ سمتی پورہ میں دو ہندو مار ڈالے گئے اور مستری محلے میں تین مسلمان۔ ایک عیسائی شہر کے بڑے چوک میں ہلاک کر دیا گیا۔ شہر میں دفعہ ۱۴۴ انافذ کر دی گئی۔

جس دن میری گرفتاری عمل میں آنے والی تھی اس سے پہلے دن کی رات میں نے بینگن کو موری میں پھینک دیا۔ گھر کا سارا سامان باندھ لیا اور بیوی سے کہا: "کسی دوسرے

شہر چل کر دوسرا دھندا کریں گے۔"

"تو جناب !تب سے میں بمبئی میں ہوں۔ میرم پور کے ان دو مہینوں میں جو رقم میں نے کمائی تھی اس سے ایک ٹیکسی خرید لی ہے۔ اب چار سال سے ٹیکسی چلاتا ہوں اور ایمانداری کی روزی کھاتا ہوں۔ " اتنا کہہ کر میں نے میز سے اپنا گلاس اٹھایا اور آخری گھونٹ لے کر اسے خالی کر دیا۔ یکایک میری نگاہ میز کی اس سطح پر گئی جہاں میرے گلاس کے شیشے کے پیندے نے ایک گیلا نشاں بنا دیا تھا میں نے اپنے دوسرے ساتھی ٹیکسی ڈرائیور محمد بھائی سے کہا:" محمد بھائی دیکھو تو اس گلاس کے پیندے کے نیچے جو نشان بن گیا ہے یہ اوم ہے کہ اللہ ؟"

محمد بھائی نے غور سے نشان کو دیکھا، مجھے دیکھا پھر میری پیٹھ پر زور سے ہاتھ مار کر کہا:" ابے سالے! یہ بمبئی ہے یہاں اوم ہے نہ اللہ نہ صلیب۔ جو کچھ ہے روپیہ ہے بس روپیہ۔ " اتنا کہہ کر محمد بھائی نے میز پر ہاتھ پھیر کر پانی کے نشان کو حرف غلط کی طرح مٹا دیا۔

***

نسخۂ عبد الغفور، ہر بلا دور

جمیل احمد خان

چوہدری عبد الغفور کتاب "جہاں ڈاکٹر نہ ہو" کا چلتا پھرتا انسانی ورژن ہیں۔ جہاں یہ ہوں وہاں ڈاکٹروں سمیت تمام بلائیں پناہ مانگتی ہیں۔ ان کو چوہدری عبد الغفور کہنے والے کم اور آپا کہنے والے زیادہ ہیں۔ حالانکہ نہ تو یہ مشہور و معروف جگت آپا کی طرح سج دھج کر رہتے ہیں، نہ ہی ان کی بانہیں رنگ برنگی چوڑیوں سے بھری رہتی ہیں اور نہ ہی وہ نت نئی کامدانی ساڑھیاں پہنتی ہیں، لیکن انہیں "آپا" ہی کہا جاتا ہے۔ اور وہ کوئی نسوانی شخصیت تو ہیں نہیں کہ اس طرح کا کوئی اہتمام کریں، یعنی بظاہر تو مرد ہی ہیں۔ لیکن انہیں مشہورِ زمانہ اصلی تے وڈّی جگت آپا سے کہیں زیادہ ردّ بلا قسم کے ٹوٹکے از بر ہیں۔

لوگ اب تک شش و پنج میں ہیں کہ چوہدری عبد الغفور کے اعمال زیادہ سیاہ ہیں یا اُن کی صورت؟ ان کے خاندان میں کوئی بھی ایسا سیاہ چہرہ لے کر پیدا نہیں ہوا، کرتوت شاید اُن کے زیادہ سیاہ ہوں گے، لیکن چہرے کی سیاہی میں انہی کو یدِ طولیٰ حاصل ہے۔

بعض بڑی بوڑھیوں کا خیال ہے کہ ان کی پیدائش سے پہلے ان کی والدہ محترمہ نے کاجل کھالیا تھا۔ کچھ کا کہنا ہے کہ ان کی والدہ کی عادت تھی کہ وہ جو بھی چیز پکاتی تھیں، جلا دیتی تھیں۔

ان کے پورے خاندان میں دور دور تک کوئی بھی سانولا نہیں تھا، پھر نا معلوم کیا وجہ

تھی ان کے اس قدر پکے رنگ کی؟

اصل حقیقت تو اُن کی والدہ مرحومہ ہی جانتی ہوں گی، لیکن برسوں پہلے وہ دوسری دنیا کو سدھار گئیں اور وہاں پہنچ کر وہ اوّل روز سے ہی آپا کی منتظر ہیں، یہاں بھی بہت سے ان کی روانگی کے منتظر ہیں اور بعض نے تو اس بات کا یقین دلانے کی بہتیری کوشش کر ڈالی لیکن ان کا فی الحال فوت ہونے کا کوئی ارادہ نہیں لگتا۔

کہتے ہیں کہ سیاہی میں بھی کشش ہوتی ہے، لیکن آپا! معاف کیجیے گا، چوہدری عبدالغفور کے چہرے کے خدوخال خاصے بھیانک ہیں، ہمارے دوست نون کا خیال ہے کہ یہ ان کی گندی سوچ کا اثر ہو سکتا ہے۔

مہندی سے رنگی اُن کی داڑھی کو دیکھ کر ایسا لگتا ہے کہ جیسے تارکول میں آگ لگی ہو۔ موٹر سائیکل پر آتے جاتے تیز ہوا کی وجہ سے وہ دو حصوں میں تقسیم ہو جاتی ہے اور اندھیرا ہو تو چہرہ نظر نہ آنے کی وجہ سے یوں لگتا ہے کہ گنیز بک آف ورلڈ ریکارڈ میں شامل دنیا کی سب سے بڑی مونچھوں والے شخص کو دیکھ رہے ہیں۔

اب ذکر ہو جائے کچھ ان کے ردّبلا قسم کے ٹوٹکوں کا۔ دنیا کی کوئی بھی سبزی ہو یا پھل، ان کے سامنے آجائے تو وہ اس میں ایسی ایسی خوبی ڈھونڈ نکالتے ہیں، جو ابھی سائنس کے سامنے بھی نہیں آسکی ہے۔

مثلاً:

امرود ہر قسم کے دردِ مردود کا علاج ہے۔

"اللہ کافی اللہ شافی" پڑھ کر روزآنہ کافی پی جائے تو کافی بیچنے والے دکاندار کو بہت فائدہ ہوتا ہے۔

ایک کلو کلونجی کو ایک لیموں کے رس میں اچھی طرح بھگا کر دھوپ میں سکھالیں،

خشک نہ ہو تو چولہے پر رکھ کر خشک کریں۔ اگر جل جائے تو یہ عمل دوبارہ کریں۔ دھوپ میں خشک ہو جائے تو مکھیوں کی لاشیں اور چوہوں کی مینگنیاں نکال کر اچھی طرح پیس لیں، اور ایک ایک چمچ روزانہ پھانک لیں۔ کلونجی احتیاط سے شیشے کے مرتبان میں سیل پیک کر کے رکھ لیں اس سے گھر میں برکت ہوتی ہے۔

کافور کی دو درجن گولیوں کو ایک کلو آٹے میں پیس کر دو سیر نمک کے تیزاب گھول کر۔۔۔۔۔۔۔۔اگر کھالیا جائے تو زندگی کی تمام مشکلات سے نجات مل سکتی ہے۔

صبح سویرے بیدار ہو دس دانے بادام، بارہ دانے پستے کے اور پچاس گرام چار مغز کو ایک لیٹر دودھ میں اچھی طرح پیس کر مکس کر لیں اور پھر گھر کا دروازہ کھول کر باہر پھینک دیں۔ دو دن ایسا کریں گے تو آپ کا دماغ روشن ہو جائے گا، اور آپ کو اچھی طرح عقل آجائے گی۔

گھر میں روزآنہ شام کے وقت لوبان کی دھونی دی جائے اور ہندوستانی گلوکار ہمیش ریشمیا کے گانے بلند آواز میں سنے جائیں تو کاکروچ ختم ہو جاتے ہیں۔ گھر سے چھپکلی بھگانے کے لیے نصیبو لال یا عطاء اللہ عیسیٰ خیلوی کے گانے خراب اسپیکر پر سنے جائیں۔

اگر اس دوران لوبان کی دھونی کے بجائے ٹکّے سگرٹ پیئے جائیں تو چھپکلیاں ایسے گھروں پر چار حرف بھیج کر ہمیشہ کے لیے رخصت ہو جاتی ہیں۔

گھر میں موجود تمام مسالوں کی یکساں مقدار میں پیس کر چورن بنا لیں۔ اور اس کو کسی ایسی جگہ رکھیں جو سب کی پہنچ سے دور ہو۔ اس نسخے سے پیٹ کے جملہ مزمن اور غیر مُزمن امرض دور ہو جاتے ہیں۔

تمام سٹھیائے ہوئے بڈھوں کی طرح وہ بھی یہی سمجھتے تھے کہ لوگ اُن کی ناقدری کر رہے ہیں، ورنہ اگر ان کے مشوروں پر عمل کیا جاتا تو ہمارا ملک کب کا جنت نشان بن چکا

ہو تا۔ نون کا کہنا ہے کہ جنت تو شاید کب کا ہی بن چکا ہے، اس لیے کہ جنت میں بھی مر کر ہی داخل ہو اجاسکے گا، اور ہمارے ہاں بھی مُر دہ دل، مُر دہ پرست، مُر دہ ذہن، مُر دہ سوچ کے حامل لوگوں کی اکثریت ہے۔ کافی عرصے سے وہ کوشش کر رہے تھے کہ انہیں کسی ٹی وی چینل پر موقع ملے اور وہ لوگوں کے مسائل اپنے توپ نسخوں کے ذریعے حل کر سکیں۔ نون کا کہنا تھا کہ جو ان کے نسخوں پر عمل کرے گا، اس کے مسائل یقیناً حل ہو جائیں گے، کہ اس کی زندگی موت میں حل ہو کر غائب ہو جائے گی۔

بہت کوششوں کے بعد انہیں پنجابی زبان کے ایک مقامی ٹی وی چینل پر ایک پروگرام مل گیا، گو کہ یہ ایک ہی پروگرام آن ایئر جاسکا، لیکن انہوں نے اپنے کیبل والے کو کچھ دے دلا کر علاقے کے نیٹ ورک پر اتنی بار چلوایا کہ لوگوں کو ازبر ہو گیا۔

اس پروگرام کا نام تھا: تہاڈے وسائل۔۔۔ ساڈے مسائل دا حل

ہم یہاں اس کی ایک جھلک آپ کے لیے بھی پیش کر رہے ہیں۔

میزبان۔۔۔ (چنزی مروڑتے ہوئے) ناظرین!۔۔۔ تہاڈے وسائل ساڈے مسائل دا حل۔۔۔ پروگرام دے نال حاضر ہیں۔۔۔ نال کھلوتے ہیں چوہدری عبدالغفور کھرڑیاں والوی۔۔۔ اے تہاڈے سوالاں دے جواب دیندے ایں۔۔۔ چلو جی چوہدری صاحب شروع ہو جاؤ۔۔۔

(چوہدری عبدالغفور صاحب جیب سے چرس نکال کر ہاتھوں میں مسلنے لگتے ہیں، میزبان گھور کر دیکھتی ہے، تو واپس رکھ لیتے ہیں)

میزبان: ناظرین تہاڈی کالاں دی لائن لگی پئی اے۔۔۔ پہلی کال اے، بھائی پھیرو تاں۔۔۔ کی نام اے تہاڈا۔۔۔ ؟؟؟

کالر: ہائے مر جاواں کنّی سونہڑی آواز ہے۔۔۔ تسی وڈی پیاری ہو۔۔۔ ساڈا دل

کر دا اے۔۔۔۔۔۔۔۔

میزبان: (زیرلب بڑبڑاتے ہوئے) اے کی بکواس اے۔۔۔(پھر پلّو درست کرتے ہوئے) ناظرین فنّی خرابی دے نال کال کٹ گئی اے تے اسی دوسری کال لیتے ہیں۔۔۔جی۔۔۔یہ چھانگا مانگا توں کالر ایں منّو پہلوان۔۔۔جی

پہلوان جی۔۔۔

کالر: ہیلو۔۔۔ہیلو۔۔۔ہیلو۔۔۔ہیلو۔۔۔

میزبان: تسی زور سے بولو۔۔۔ہور تہاڈا مسئلہ کی اے، او گل کرو۔۔۔

کالر: ہیلو۔۔۔ہیلو۔۔۔ہیلو۔۔۔ہیلو۔۔۔

میزبان: کچھ آگے وی بکو

کالر: بہن جی مسئلہ میرا اے ہے تے میرا منہ افتخار ٹھاکر ورگا ہو گیا اے۔۔۔لوکی کیندے نیں تے کھوتے ورگا اے۔۔۔میں وڈا پریشان آں۔۔۔چوہدری جی اس واسطے کوئی وظیفہ تو عنایت کرو۔۔۔!!

میزبان (اونگھتے ہوئے چوہدری عبدالغفور کو ٹھوکا دے کر) چوہدری جی تُسی پہلوان جی دے مسئلے دا حل بتاؤ۔۔۔!

چوہدری عبدالغفور کھرڑیاں والوی: پہلوان جی تہاڈے مسئلے دا حل اے ہے تے تُسی ٹُردے فِردے وضو بے وضو۔۔۔فٹے منہ، فٹے منہ۔۔۔دا ورد کریا کرو۔۔۔رب دی ذات شفا دے گی۔۔۔!!

***

مولانا کا سراپا

حسن علی امام

سچ تو یہ ہے کہ اِس چورنگی نے ہمیں اہم سربستہ رازوں سے آشکار کیا ہے مثال کے طور پر، ہم یہ جانتے ہی نہیں تھے کہ کرہِ ارض پر مکہ اور مدینہ کے بعد سب سے متبرک خطے ٹونک اور بہار شریف ہیں۔ ہمیں انتہائی پر آشوب مذاکروں میں یہ بات اچھی طرح سمجھائی جاچکی ہے کہ اِن دونوں علاقوں کی باقی ماندہ دنیا پر فضیلت صرف اس لئے نہیں ہے کہ ہمارے دوستوں کی بڑی تعداد انہی دو جنتوں سے تعلق رکھتی ہے بلکہ اس کی اصل وجہ وہ گوہر آبدار ہیں جنہوں نے عالم اروح میں ہی یہاں کے علاوہ کہیں اور پیدا ہونے سے انکار کر دیا تھا۔بقول فاطمی بھائی و ہم خیال مولانا کہ، ٹونک میں اتنی بڑی بڑی شخصیات اس کثرت سے پیدا ہوئی ہیں کہ اب اگر کسی ٹونکی کے گھر عام سا بچہ پیدا ہو جائے تو اُسے مشکوک نظروں سے دیکھا جاتا ہے

ایک مذاکرے میں احبابِ ٹونک اسی جنت نظیر وادی کی مدح میں مصروف تھے کہ اچانک شعیب بھائی اُوچھا سوال داغ گئے۔ "وہ تو سب ٹھیک ہے مگر ٹونک میں کوئی نبی تو نہیں آیا نا؟" اس سے پیشتر کہ اس سوال پر ٹونکیوں کے چہرے مرجھا جاتے اور ایک صفِ ماتم بچھ جاتی مولانا نے عَلَمِ سیادت تھاما اور صفِ دشمناں کو پسپائی پر مجبور کر دیا۔ کہنے لگے "نام کے ساتھ تذکرہ چھبیس کا ہے مگر اللہ نے ہر بڑے شہر میں اپنے انبیاء بھیجے ہیں،

اگر ہم اور آپ نہیں جانتے تو کیا فرق پڑتا ہے؟" اہلِ ٹونک کے چہرے کِھل اٹھے مخالفین بغلیں جھانکنے لگے - مولانا کا سینہ تن گیا فاتحانہ انداز میں ٹانگ پر ٹانگ رکھ کر غیر ٹونکیوں کو حقارت بھری نظروں سے دیکھنے لگے - شخصیات کے حوالے سے یہ حضرات کوئی متعصبانہ رویہ نہیں رکھتے الہ یہ کہ شخصیت ٹونک سے باہر کی ہو

مولانا عموماً گفتگو کم کرتے ہیں زیادہ تر بحث ہی کرتے ہیں اور یہ مباحثے اُس وقت زور پکڑ جاتے ہیں جب مخالفین کو یہ احساس ہو جائے کے وہ غلطی پر ہیں - یہاں لفظ "وہ" کی ضمیر کس طرف ہے 'کچھ نہ سمجھے خدا کرے کوئی' - بیشتر مواقوں پر ، اگر مولانا کا موقف درست نہ ہو تو چورنگی پر مباحثوں کی نوبت ہی پیش نہ آئے - بقول شیخ صاحب، مولانا تقریباً چالیس ہزار کتابیں پڑھ چکے ہیں اور انکی اِسی علمی بے راہروی کی وجہ سے چورنگی کا لہو عموماً گرم رہتا ہے - ایسا نہیں ہے کہ چورنگی پر علمی شخصیات کی کمی ہو، لیکن ان علمی شخصیات کی علمیت کو تسلیم کرنے والے یقیناً کم ہیں - قبلہ اسلام الدین صاحب ایک مرتبہ مولانا سے ، مولانا کی نادیدہ خواہش کے عین مطابق اُلجھ پڑے اور اِسی معرکے میں وہ تاریخی جملہ ارشاد فرمایا جو اب زبان زدِ چورنگی ہے " آپ نے پڑھا ہی کیا ہے؟ چار کتابیں پڑھی ہیں اُن میں سے بھی دو کتابچے" مولانا کے بارے میں یہ جملے سن کر یہ احساس ہوا کہ واقعی

"یہ عبرت کی جا ہے تماشہ نہیں ہے"

مولانا غصہ بہت کم کرتے ہیں غصے کی جگہ بھی وہ بحث ہی کر لیتے ہیں - لیکن چند ایک دفع بے تحاشہ غصہ کیا آپے سے باہر ہو گئے سنبھالے نہ سنبھلے - ہوا کچھ یوں کے مولانا پر ناگہانی "ڈرون" حملہ ہوا ، مولانا ، ارشد بھائی کو تو برداشت کر جاتے ہیں مگر انکا "ڈرون" مولانا سے برداشت نہ ہوا (موصوف ڈرون صاحب کا تذکرہ بھی آگے آتا ہے) - پلٹ کر

وہ کھری کھری سنائی کے طبیعت ہری کر دی - اپنا چہرہ بھی غصے سے لال ہوا - ایک مرتبہ فیاض بھائی سے ہو گئی تھی، تب میں موجود نہیں تھا - اس کے راوی پروفیسر ہیں، اس واقعے میں مولانا ناراض ہو کر چلے گئے تھے بڑی مشکل سے واپس آئے - دو مرتبہ مرحوم خیام قادری بھائی اسرار کر کے واپس لائے، کئی بار یہ شرف مجھے بھی حاصل ہوا الغرض مولانا چورنگی پر اتنا آئے نہیں ہیں جتنا لائے گئے ہیں

لیکن سچی بات تو یہ ہے کہ مولانا کی موجودگی چورنگی کی خوش بختی ہے اب تمام دقیق موضوعات کی گرد آپ اور ارشد بھائی اپنی دھواں دھار تقریر سے بیٹھا دیتے ہیں اور باقی مسلمان آسانی سے شفاف ماحول میں اپنی گفتگو کر لیتے ہیں - مولانا حقیقتاً ایک صالح انسان ہیں بہت شریف النفس، سادہ طبیعت - انتہائی غم انگیز واقعات پر، گو آپ کی آنکھ نم ہوتی ہے مگر دل صاف رہتا ہے

ویسے تو یہ خوبی تمام احباب میں موجود ہے کہ وہ انتہائی رکیک مباحثوں کے بعد ایک دوسرے سے شیر و شکر ہو جاتے ہیں جس کی سیدھی سی وجہ یہ ہے کہ اس طرح نئے مباحثوں کو اخلاقی بنیادیں فراہم ہو جاتی ہیں جسکی بدولت ایک دوسرے پر نجی نوعیت کے غیر اخلاقی حملے کرنے میں آسانی ہوتی ہے، لیکن اس سلسلے میں مولانا کا ظرف واقعی دیدنی ہے کیونکہ موضوع، شدت اور تعداد کے اعتبار سے جتنے مباحثوں کا سابقہ مولانا سے پڑتا ہے کوئی دوسرا اسکے پاسنگ کو بھی نہیں پہنچ سکتا

دیکھا یہ گیا ہے کہ اگر کوئی شخص اپنی کسی رائے سے پلٹ جائے تو اسے منافقت سے تعبیر کیا جاتا ہے - "اچھی منافقت ہے !! ابھی کیا کہہ رہے تھے، اور اب بلکل ہی اُلٹی بات کر رہے ہیں" - یہ بات بھی میں نے چورنگی پر ہی سمجھی ہے کہ افزائشِ نسل کی طرح تبدیلیِ رائے میں بھی مناسب وقفہ بہت ضروری ہے - اگر رائے کی تبدیلی میں ایک خاص

مدت (جس کا پیمانہ صرف ارشد بھائی کے پاس ہے) نہ لگے تو یہ منافقت کہلائے گی - مگر ایک رائے سے تائب ہونے، اور مقررہ عدت گزار لینے کے بعد، جو رائے قائم کی جائے گی اسے حق شناسی اور شعور و آگہی کی منازل کی فتحیابی کہا جائے گا-

شیخ صاحب کہتے ہیں مولانا اپنے الفاظ گھر سے تول کر لاتے ہیں - اور جب تک یہ "لٹا دے ٹھکانے لگا دے اسے" کے مصداق کر نہیں گذرتے محفل میں کوئی چین سے نہیں بیٹھ سکتا یہی وجہ ہے کہ، اگر کوئی شخص گفتگو کے آغاز میں ہی حق کو پہچان کر اپنی باطل رائے سے تائب ہو بھی جائے تب بھی بحث ختم نہیں ہوتی کیونکہ تشفّیِ دلائل کے لیے ضروری ہے کہ باتوں کے سارے انبار انڈیل دیئے جائیں - اتفاقاً کسی بات پر اگر طرفین کا موقف ایک ہی ہو تو ذیلی معلومات کے اعتبار سے کوئی ایسا نقطہ ڈھونڈا جاتا ہے جس سے بحث کا آغاز ہو سکے جیسے - اگر یہ بات ہو رہی ہو کہ چنگیز خان نے واقعی ظلم کیا اور سب اس پر متفق ہو جائیں تو اس بات پر بحث ہو جائے گی کہ قبلای خان کو گھٹی کس نے پلائی؟ جب اس طرح کی علمی بحث ذاتیات پر اختتام پذیر ہو جائے اور احباب چائے کی پیالیاں ہاتھوں میں گھومانا شروع کر دیں یا سگرٹ کا کش لیتے ہوئے نگاہ انگارے پر مرکوز کر دیں تو سمجھ لیں کہ محفل "نشستم گفتم برخاستم" کے آخری مرحلے پر ہے - ایسے میں وہ صاحب جنھیں شکست و ریخت کی اتھاہ گہرائیوں میں دھکیلا گیا تھا اور جنکی بر آمدگی کی کوئی صورت اگلی محفل کے انقعاد تک نظر نہیں آرہی کہتے ہیں "پروفیسر!! ذرا چائے کا تو کہہ دو"

مولانا کا سراپا اتنا پُر نور ہے کے دیکھتے ہی عزت کرنے کو جی چاہتا ہے - مستورات کے معاملے میں بھی یہی نورانی دیوار حائل ہے - میرا ذاتی مشاہدہ ہے کے خواتین صرف دینی مسائل کیلیئے مولانا سے مخاطب ہوتی ہیں ورنہ ایک تعظیمی خاموشی اختیار کیے رکھتی ہیں جو خواتین کے بھروسے اور مولانا کے ایمان کی واحد ضامن ہوتی ہے - اپنی فطری

تمناؤں کے حصول کیلیئے اگر مولانا، بزرگوں کی دعاوں کے حصار سے نکل بھی جائیں تب بھی سراپے کا یہ روحانی ہالہ آپ کا پیچھا نہیں چھوڑتا

اس میں شک نہیں کہ مولانا بہت حسین انسان ہیں، بارعب و باشرع چہرہ، نشست و برخاست مہذبانہ، عادت و اطوار شریفانہ، بولنے بات کرنے کا سلیقہ۔۔۔ لیکن مولانا کے پاس ایک دل بھی ہے جو مذکورہ بالا تمام آلائشوں سے پاک عین فطری انداز میں دھڑکتا ہے۔ جس کے غماز مولانا کے وہ فی البدیع اشعار ہیں جو وہ اکثر پروفیسر کے کان میں سناتے ہیں پھر دونوں شرارتی انداز میں شرما شرما کر ہنستے ہیں۔ مولانا کا ایک شعر کافی دنوں تک چورنگی کا موضوع بنا رہا

اُس کو روکیں یا اُس کو جانے دیں
ہم بہت دیر گومگوں میں رہے

اس سے پہلے کہ چورنگی پر یہ شعر سنا کر مولانا داد سمیٹے یا تنقید سنتے، شیخ صاحب نے اُچک لیا۔ کہنے لگے " مولانا مجھے اس کا مطلب تو نہیں پتہ مگر دوسرے مصرع میں "مگوں" اضافی ہے" کچھ دیر خاموشی کے بعد ایک قہقہ بلند ہوا۔۔۔۔۔۔۔۔۔۔۔۔۔۔۔ مولانا بیچارے اور کیا کہتے۔۔۔

"کر گیا بد مست مجھ کو ٹوٹ کر میرا "مگوں"

***

پیر و مرشد

کنہیالال کپور

پطرس میرے استاد تھے۔ ان سے پہلی ملاقات تب ہوئی، جب گورنمنٹ کالج لاہور میں ایم اے انگلش میں داخلہ لینے کے لئے ان کی خدمت میں حاضر ہوا۔ انٹرویو بورڈ تین ارکین پر مشتمل تھا پروفیسر ڈکنسن (صدر شعبہ انگریزی) پروفیسر مدن گوپال سنگھ اور پروفیسر اے ایس بخاری۔ گھر سے خوب تیار ہو کر گئے تھے کہ سوالات کا کرارا جواب دے کر بورڈ کو مرغوب کرنے کی کوشش کریں گے۔ بخاری صاحب نے ایسے سوال کئے کہ پسینے چھوٹنے لگے۔ جونہی کمرے میں داخل ہو کر آداب بجالائے انہوں نے خاکسار پر ایک سرسری نگاہ ڈالتے ہوئے پوچھا، "آپ ہمیشہ اتنے ہی لمبے نظر آتے ہیں یا آج خاص اہتمام کرکے آئے ہیں؟" لاجواب ہو کر ان کے منہ کی طرف دیکھنے لگے۔

"آپ شاعر ہیں؟"

"جی نہیں۔"

"دیکھنے میں تو آپ مجنوں لاہور نظر آتے ہیں۔" پروفیسر مدن گوپال سنگھ کو مخاطب کرتے ہوئے فرمایا، "بہ خدا ان کی شکل خطرناک حد تک مجنوں گورکھپوری سے ملتی ہے۔" پھر میری جانب متوجہ ہوئے، "آپ کبھی مجنوں گورکھپوری سے ملے ہیں؟"

"جی نہیں۔"

"ضرور ملئے وہ آپ کے ہم قافیہ ہیں۔"

پھر پوچھا، "یہ آپ کے سرٹیفکیٹ میں لکھا ہے کہ آپ کتابی کیڑے ہیں۔ جانتے ہو، کتابی کیڑا کسے کہتے ہیں؟"

"جی ہاں۔ جو شخص ہر وقت مطالعہ میں منہمک رہتا ہے۔"

"کتابی کیڑا وہ ہوتا ہے جو کتاب کی بجائے قاری کو کھا جاتا ہے۔"

پروفیسر ڈکنسن نے بخاری سے دریافت کیا، ان کے بی۔اے میں کتنے نمبر آئے تھے؟"

انہوں نے میرا ایک سرٹیفکیٹ پڑھتے ہوئے جواب دیا، "۳۳۹۔ فرسٹ ڈویژن۔"

"تو پھر کیا خیال ہے؟" پروفیسر مدن گوپال سنگھ نے پوچھا۔

بخاری صاحب نے مسکراتے ہوئے کہا، "داخل کرنا ہی پڑے گا۔ جو کام ہم سے عمر بھر نہ ہو سکا وہ انہوں نے کر دیا۔"

پروفیسر ڈکنسن نے چونک کر پوچھا، "کونسا کام بخاری صاحب؟"

سگریٹ کا کش لگاتے ہوئے فرمایا، "یہی بی۔اے میں فرسٹ ڈویژن لینے کا!"

دوسرے دن کلاس روم میں گئے۔ بخاری صاحب کا ان دنوں عالم شباب تھا۔ پینتیس سال کے قریب عمر ہوگی۔ دراز قد گھنی بھنویں، سرخ و سفید رنگت، بڑی بڑی روشن آنکھیں، لمبوترا چہرہ، شکل و شباہت کے اعتبار سے وہ افغان یا ایرانی دکھائی دیتے تھے۔ ریشمی گاؤن (Gown) پہن کر کلاس روم میں آتے تھے۔ حاضری لئے بغیر لیکچر شروع کیا کرتے، عموماً لیکچر سے پہلے اپنے عزیز شاگردوں سے دو ایک چونچیں ضرور لڑایا کرتے تھے۔ بلراج ساہنی (مشہور ہندوستانی اداکار) ان کا عزیز ترین شاد گرد تھا۔ اکثر

ایک آدھ فقرہ اس پر کستے تھے، "کیا بات ہے ساہنی آج کچھ کھوئے کھوئے نظر آتے ہو۔ جانتے ہو جب کوئی نوجوان اداس رہتا ہے تو اس کی اداسی کی صرف دو وجہیں ہوتی ہیں۔ یا وہ عشق فرمانے کی حماقت کر رہا ہے یا اس کا بٹواہ خالی ہے۔"

لیکچر کسی کتاب یا نوٹس (Notes) کی مدد کے بغیر دیتے تھے۔ انگیزی کا تلفظ ایسا تھا کہ انگریزوں کو رشک آتا تھا۔ فرسودہ یا روائتی انداز بیان سے چڑ تھی۔ غلطی سے بھی کوئی عامیانہ فقرہ ان کی زبان سے نہیں نکلتا تھا۔ "ڈرامہ" پڑھانے میں خاص کمال حاصل تھا۔ "ہیلمٹ" پڑھا رہے ہیں تو چہرے پر وہی تاثرات پیدا کر لیں گے جو موقع محل کی عکاسی کرتے ہوں۔ "کنگ لیئر" پڑھاتے تو معلوم ہوتا، کہ طوفان میں گھرا ہوا بوڑھا شیر غرا رہا ہے۔ شیکسپیئر کے مشہور کرداروں کی تقریریں زبانی یاد تھی۔ انہیں اس خوبی سے ادا کرتے کہ سامعین کو پھریری سی آجاتی۔

حافظہ غضب کا پایا تھا۔ اکثر جب کوئی نئی کتاب پڑھتے تو دوسرے دن کلاس روم میں اس کا خلاصہ اتنی صحت کے ساتھ بیان کرتے کہ لیکچر سننے کے بعد محسوس ہوتا کتاب انہوں نے نہیں ہم نے پڑی ہے۔

ایک بار فرانسیسی فلسفی "برگساں" کی "Laughter" (مزاح) کی وضاحت فرماتے وقت انہوں نے طنز و مزاح سے متعلق بہت دل چسپ باتیں بتائیں فرمایا، "انسان ہی صرف ہنسنے والا جانور ہے۔"

میں نے کہا "جناب بندر بھی ہنستا ہے۔"

ہنس کر فرمایا، "کیونکہ وہ انسان کا جد امجد ہے۔"

بیان کو جاری رکھتے ہوئے فرمایا، "ہنسنے کے لئے عقل کا ہونا ضروری ہے۔ یہی وجہ ہے کہ بیوقوف کو لطیفہ سنانا تضیع اوقات ہے۔ اگر ایک آدمی کیلے کے چھلکے سے پھسل کر

کیچڑ میں گر پڑے تو دوسرے اس پر ہنستے ہیں، لیکن اگر ایک بھینس کیلے کے چھلکے سے پھسل کر کیچڑ میں گر پڑے تو باقی بھینسیں اس پر کبھی نہیں ہنسیں گی۔ کیونکہ بھینس کے پاس عقل نہیں ہوتی تبھی تو یہ محاورہ ایجاد ہوا ہے کہ عقل بڑی یا بھینس۔۔۔۔۔ ہمدردی یا ترحم کا جذبہ ہنسی کے لئے زہر قاتل کا درجہ رکھتا ہے۔ اگر کوئی شخص سائیکل چلاتے وقت گر پڑے تو آپ اس پر ہنسیں گے لیکن اگر اسے سخت چوٹ آئی ہو تو آپ کبھی نہیں ہنس سکیں گے۔ اگر ایک ریلوے گارڈ گاڑی چلنے سے پہلے ہر مسافر کو سخت سست کہے، کھڑکی میں سے باہر جھانکنے والے ہر بچے کو سرزنش کرے، ہر بوڑھے کو فہمائش کرے کہ اسے ڈبے میں فوراً داخل ہو جانا چاہیے، اور خود چلتی گاڑی میں سوار ہوتے وقت گر پڑے تو تمام مسافر قہقہے لگا کر اس کی بے بسی کا مذاق اڑائیں گے کیونکہ ان میں سے کسی کو اس کے ساتھ ہمدردی نہیں ہوگی۔"

ایک ہی چیز المیہ اور طربیہ ہو سکتی ہے سوال ہمدردی کا ہے۔ فرض کیجئے بھرے میلے میں کوئی شخص یہ اعلان کرے کہ میری بیوی کھوگئی ہے، کچھ لوگ اس پر ضرور ہنسیں گے۔ یہ بات دوسروں کے نقط نگاہ سے طربیہ اور خود اس شخص کے نقطہ نظر سے المیہ ہے۔۔۔۔ مزاح بالکل اسی طرح تیار کیا جا سکتا ہے جیسے صابن یا خوشبودار تیل۔ فارمولا یہ ہے کہ دونوں چیزوں میں نامطابقت پیدا کر دیجئے۔ مثال کے طور پر یہ کہنے کی بجائے ہم سخن فہم ہیں غالب کے طرفدار نہیں، یہ کہئے ہم طرفدار ہیں غالب کے سخن فہم نہیں، مزاح پیدا ہو جائے گا۔"

بخاری صاحب مزاحیہ تقریر کرنے کے فن میں اما کا درجہ رکھتے تھے۔ یہ سر عبدالقادر کا دورِ زریں تھا۔ ہر ادبی مجلس میں کرسی صدارت اور سر عبدالقادر لازم و ملزوم تھے۔ یونیورسٹی ہال میں ایک ادبی مباحثہ ہو رہا تھا۔ موضوع زیر بحث تھا" صنف نازک ہی

مطالعہ کا صحیح موضوع ہے"۔ جب پروفیسر دیوان چند شرما، ڈاکٹر خلیفہ شجاع الدین، تقاریر کر چکے تو سر عبد القادر نے بخاری صاحب کو اسٹیج پر تشریف لانے کو کہا۔ سامعین ہمہ تن گوش ہوگئے کہ انہیں پوری توقع تھی اب ہنسی مذاق کے فوارے چھوٹیں گے۔ بخاری صاحب جھومتے جھامتے اسٹیج پر آئے۔ صاحب صدر کی طرف مسکرا کر دیکھا۔ میں سامعین کو اپنی طرف متوجہ نہیں کر سکتا۔ بسا اوقات مجھے صنف نازک پر رشک آنے لگتا ہے۔ صاف ظاہر ہے طلباء یہ نکتہ بخوبی سمجھتے ہیں کہ صنف نازک ہی مطالعہ کا اصلی موضوع ہے۔۔۔۔ صاحب صدر! صنف نازک کے مطالعہ کے بغیر سائنس کا مطالعہ ناممکن ہے۔ کیا آپ "مقناطیسیت" کا مطالعہ صنفِ نازک کے بغیر مکمل سمجھیں گے، جب کہ آپ جانتے ہیں کہ عورت سے زیادہ پرکشش ہستی خداوند تعالیٰ نے پیدا نہیں کی۔ کیا آپ "حرارت" کا مطالعہ کرتے ہوئے عورت کو نظر انداز کر سکتے ہیں؟ جب آپ جانتے ہیں کہ محفلوں کی گرمی عورت کی موجودگی کی مرہون منت ہے۔ کیا آپ "برقیات" کا مطالعہ کرتے وقت عورت کو نظر انداز کر سکتے ہیں۔ جب آپ کو معلوم ہے کہ حوا کی بیٹیاں بادل کے بغیر بجلیاں گرا سکتی ہیں۔۔۔۔ صاحب صدر! صنف نازک آرٹ کے مطالعہ کے لئے ناگزیر ہے۔ اگر لیونارڈو، رافیل اور مائیکل اینجلز نے عورت کے خط و خال کو قریب سے نہ دیکھا ہوتا تو کیا وہ ان لافانی تصاویر اور مجسموں کی تخلیق کر سکتے جن کا شمار عجائبات عالم میں ہوتا۔ کیا کالی داس، شکنتلا، شیکسپیئر، روز النڈ اور دانتے، بیٹریس کا تصور بھی ذہن میں لا سکتے اگر انہوں نے صنف نازک کے مطالعے میں شب و روز نہ گزارے ہوتے۔۔۔۔ صاحب صدر! صنف نازک نے موسیقاروں سے ٹھمریوں اور دادروں، شاعروں سے مثنویوں اور غزلوں اور قاصوں سے کتھک اور کتھا کلی کی تخلیق کرائی۔ اگر آج فنون لطیفہ ختم ہو رہے ہیں تو اس کی وجہ یہ ہے کہ ہم مطالعہ کے اصلی موضوع سے

بھٹک گئے ہیں۔ ہم ان چیزوں کا مطالعہ کر رہے ہیں جن سے بجلی کے پنکھے سستی دیسی فلمیں اور ایکسٹر چنبل تو معرض وجود میں آسکتی ہے۔ لیکن "میگھ دوت" "تائیس" اور "منی پور رقص" کی توقع کرنا بے کار ہے۔"

مرحوم تقریر نہیں سحر کیا کرتے تھے۔ ان کی ساحری کا ایک واقعہ مجھے یاد ہے۔ ۱۹۳۲ میں انہوں نے اپنے ایک عزیز شاگرد پروفیسر آر ایل مہتہ کے اصرار پر ڈی اے وی کالج لاہور میں گالزوردی کے ناول "اے مین آف پراپرٹی" پر لیکچر دیا۔ پروفیسر مہتہ ان دنوں ڈی اے وی کالج میں ملازم تھے۔ مارچ کا مہینہ تھا مطلع ابر آلود تھا۔ ہلکی ہلکی پھوار پڑ رہی تھی۔ لاہور کے کالجوں کے سینکڑوں طلباء طالبات لکچر سننے کے لئے ڈی اے وی کالج کے سائنس تھیٹر میں اکھٹے ہوئے۔ بخاری صاحب نے لیکچر کی تمہید اس فقرے سے کی "خواتین و حضرات! ڈی اے وی کالج میں یہ میرا پہلا اور آخری لیکچر ہے۔ وجہ یہ کہ اس کالج کے طلبا کا انگریزی کا تلفظ اتنا عجیب واقع ہوا ہے کہ جب وہ مجھے انگریزی میں بولتے ہوئے سنیں گے، تو یہ سمجھیں گے میں انگریزی کی بجائے فرانسیسی یا جرمن میں تقریر کر رہا ہوں۔" مرحوم کو انگریزی فکشن (ناول) پر حیرت انگیز عبور حاصل تھا۔ جب وہ گالزوردی کے ناول کی وضاحت کر رہے تھے تو معلوم ہوتا تھا خود مصنف اپنی تخلیق کا تجزیہ کر رہا ہے۔ طلباء ان کے لیکچر کے "نوٹس" لے رہے تھے۔ بخاری صاحب کی فصاحت اور بلاغت کا یہ عالم تھا کہ وہ ایک خوب صورت فقرے کے بعد دوسرا وضع کرتے تھے اور طلباء تذبذب میں پڑ جاتے کہ کون سا فقرہ نوٹ کریں اور کون سا نظر انداز کر دیں۔ یکلخت باہر بارش تیز ہو گئی۔ بجلی ایک دم جو زور سے کڑکی تو کمرے کی تمام بتیاں گل ہو گئیں۔ بخاری صاحب نے تقریر منقطع کرنا مناسب نہیں سمجھا۔ گھپ اندھیرے میں اپنے اسی شگفتہ انداز میں تقریر کرتے رہے اور طلبا اندھیرے میں ان کے

فقرے نوٹ کرنے کی کوشش میں محو رہے۔ کہیں سے شور و غل، چیخ و پکار کی آواز نہیں آئی۔ کمرے میں مکمل سناٹا تھا۔ کوئی دس پندرہ منٹ کے بعد بتیاں پھر روشن ہوئیں۔ بخاری صاحب نے ایک خفیف مسکراہٹ کے ساتھ ان کا خیر مقدم کیا اور تقریر جاری رکھی۔ اس تقریر کے سننے کے بعد اکثر طلباء کا یہ رد عمل تھا کہ جو باتیں ان کے اپنے پروفیسر دو سال میں نہیں بتا سکے وہ بخاری صاحب نے ایک گھنٹے کے دوران میں بتا دیں۔ اسی تقریر سے متعلق مجھے ان کا ایک فقرہ یاد ہے۔ فرمایا، "مشہور انگریز نقاد "ڈاکٹر بیکر" نے انگریزی ناول پر آٹھ جلدیں لکھی ہیں۔ جن کا مجموعی وزن کوئی چار سیر ہو گا۔ ایک اور انگریز نقاد "جے بی پریسٹلے" نے ناول پر ایک کتابچہ لکھا، جس کا وزن چار تولے ہو گا۔ میری رائے میں اگر بیکر کی تمام جلدیں ایک پلڑے میں رکھ دی جائیں اور پریسٹلے کا کتابچہ دوسرے میں تو یقیناً پریسٹلے کا پلڑا بھاری رہے گا۔"

سناتن دھرم کالج میں ایک ادبی مباحثہ ہوا۔ بخاری صاحب وہاں صاحب صدر کی حیثیت سے موجود تھے۔ موضوع زیر بحث۔ "عورت تمہارا دوسرا نام کمزوری ہے۔" لاہور کے بہترین مقرر اس مباحثے میں حصہ لے رہے تھے۔ ان میں سے اکثر یورپ کی سیر کر چکے تھے۔ انہوں نے اپنی تقاریر میں یورپین عورتوں کو خاص طور پر آڑے ہاتھوں لیا۔ کچھ نے ہندوستان کی تاریخ سے مثالیں دے کر ثابت کیا کہ عورت نے ہر گام پر مرد کو دھوکا دیا ہے۔ سکھ مہارانی "جنداں" کا ذکر کیا گیا، حوّا کمزوری کی طرف بار بار اشارے کئے گئے۔ بحث کے اختتام پر بخاری صاحب نے فرمایا، "میں نے مخالفین کے دلائل بڑے غور سے سنے، میں سمجھتا ہوں کہ ان کے دلائل صحیح اور نتائج غلط ہیں۔ اگر یہ ٹھیک ہے کہ عورت مرد کو ہمیشہ گمراہ کرتی رہی ہے تو میرے خیال میں یہ مرد کی کمزوری اور عورت کی شہ زوری ہے۔۔۔۔ حالانکہ میں نے بھی یورپ کی سیر کی ہے لیکن عورتوں سے متعلق

میرا تجربہ اتنا وسیع نہیں جتنا میرے چند دوستوں کا، جنہوں نے یورپین عورتوں کی کمزوری کا بیان چٹخارے لے لے کر کیا۔۔۔۔ کہا گیا کہ یورپ میں عورت شکاری اور مرد شکار ہے۔ اگر یہ صحیح ہے تو ہمیں ہر شیر اور عقاب کو کمزور سمجھنا چاہیے۔ دراصل بات یہ ہے خدا پنج انگشت یکسان نہ کرد۔ نہ ہر عورت کانچ کی چوڑی ہے اور نہ ہر مرد فولاد کا پنجہ "۔

بخاری صاحب اپنے طلباء میں تنقیدی شعور پیدا کرنے میں ہمیشہ کوشاں رہتے تھے۔ رٹے رٹائے فقروں سے انہیں بہت نفرت تھی اور اگر کسی طالب علم نے کسی مشہور نقاد کے قول کا حوالہ دیا ادھر جھٹ انہوں نے پھبتی کسی، "منصور کے پردے میں خدا بول رہا ہے، اجی حضرت یہ فرمان تو "اے۔ سی بریڈلے" کا ہے۔ خاکسار بریڈلے کی نہیں آپ کی رائے دریافت کرنا چاہتا ہے" جب ہمارا پہلا سہ ماہی امتحان ہوا تو میں نے اپنے پرچے میں متعدد مشہور نقادوں کے فقرے نقل کر دیئے۔ بخاری صاحب نے مجھے "صفر" نمبر عطا کرتے ہوئے پرچے کے تائیٹل پیج پر لکھا، "آپ کا سارا پرچہ وادین میں ہونا چاہیے۔ آپ نے جگہ جگہ "ایف۔ ایل لوکس" اور پروفیسر "کلر کوچ" کے اقوال نقل کر دیئے ہیں۔ یہ دنوں کیمبرج میں میرے استاد تھے۔ یقیناً میں اس قابل نہیں کہ اپنے استادوں کا ممتحن بن سکوں۔ مجھے تو آپ کا امتحان لینا ہے۔"

کلاس روم میں کبھی کبھی جان بوجھ کر الٹی بات کہہ دیتے۔ ساری کلاس پنجے جھاڑ کر ان کے پیچھے پڑ جاتی۔ وہ ہر ایک معترض کو ایسا دندان شکن جواب دیتے کہ بے چارہ بغلیں جھانکنے لگتا۔ سارا پیریڈ بحث مباحثہ میں گزر جاتا۔ سب کو قائل کرنے کے بعد فرماتے "یہ بات میں نے صرف اشتعال دلانے کے لئے کہی تھی ورنہ اس میں کون کافر شک کر سکتا ہے کہ شیکسپئر بہت بڑا فن کار ہے۔" "سیمینار" کے پیریڈ میں جہاں طلباء کی تعداد

تھوڑی ہوتی تھی، وہ ہر ایک طالب علم پر جرح کیا کرتے تھے۔ ایسی کڑی جرح کہ طلبہ کے چہروں پر ہوائیاں اڑنے لگتیں۔ خون خشک ہو جاتا۔ ایک دفعہ مجھ سے پوچھا، "آپ نے اپنے جواب مضمون میں لکھا ہے کہ "ٹینی سن" کے کلام میں موسیقیت کا عنصر بدرجہ اتم موجود ہے۔ موسیقیت سے آپ کی کیا مراد ہے؟"

"موسیقیت سے میرا مطلب یہ ہے کہ ٹینی سن کا کلام پڑھتے وقت ایک دلکش لے یا تال کا احساس ہوتا ہے۔"

"لے یا تال کیا چیز ہے؟"

"آواز کا اتار چڑھاؤ"

"ٹینی سن کے کسی مصرعے کا حوالہ دے کر بتایئے۔"

میں نے گھبراہٹ کے عالم میں یونہی ایک مصرع پڑھ دیا۔ فرمانے لگے، "یہ تو اتنا کرخت ہے کہ اس کے مقابلے میں کوّے کی آواز زیادہ سریلی معلوم ہوگی۔ کہیں یہ بات تو نہیں کہ آپ موسیقی اور شور وغل کو ہم معنی سمجھتے ہیں۔"

"سیمینار" میں اکثر ہندوستانیوں کی عادات پر دلچسپ تبصرہ کیا کرتے تھے، "ہم ہندوستانی بھی تین لوگ سے نیارے ہیں۔ انگلینڈ میں اگر کسی کے گھر موت واقع ہو جائے تو کانوں کان خبر نہیں ہوتی۔ یہاں کسی کا دور دراز کا رشتہ دار اللہ کو پیارا ہو جائے تو ساری رات دھاڑیں مار مار کر ہمسایوں کے علاوہ گلی محلہ والوں کی نیند حرام کر دیتا ہے۔"

"شور وغل کا ہماری زندگی میں کتنا دخل ہے، انگلینڈ اور فرانس میں سڑک پر چلتے ہوئے لوگ اتنی دھیمی آواز میں باتیں کرتے ہیں گویا کاناپھوسی کر رہے ہوں۔ ہم ہندوستانی "مدہم کی بجائے پنجم" میں باتیں کرنے کے عادی ہیں، بخدا ہم بولتے نہیں علاتے ہیں۔"

"ہم ہندوستانی جب تقریر کرتے ہیں تو یوں معلوم ہوتا ہے جیسے گھر والوں سے لڑکر آئے ہیں اور سامعین پر اپنا غصہ اتار رہے ہیں۔ ستم ظریفی کی انتہا یہ ہے کہ ماتمی قرارداد بھی ہم اس انداز میں پیش کرتے ہیں جیسے ہمسایہ ملک سے اعلانِ جنگ کر رہے ہوں۔"

مبالغہ آمیزی ہماری طبیعت کا شعار بن چکی ہے۔ یہاں ہر کانفرنس 'آل انڈیا، یا "بین الاقوامی' ہوتی ہے۔ چاہے شرکت کرنے والوں کی تعداد ایک درجن کیوں نہ ہو۔۔۔۔۔ چند دن ہوئے میں نے موچی دروازے کے اندر ایک دکان دیکھی جس میں ایک ٹوٹا ہوا ہارمونیم اور خستہ حال طبلہ پڑا تھا۔ سائن بورڈ پر لکھا تھا "انٹر نیشنل اکیڈیمی و میوزک اینڈ ڈانسنگ۔"

"ہندوستانی موسیقی میں سوز ہے جوش نہیں۔ کیمبرج میں ایک بار میں نے اپنے استاد کلر کوع کو پکے گانوں کے چھ سات ریکارڈ سنوائے، اس کے بعد ان کی ہندوستانی موسیقی کے بارے میں رائے دریافت کی۔ نہایت سنجیدگی سے کہنے لگے، "بور کرنے کے لئے ایک ہی ریکارڈ کافی تھا، آپ نے چھ سات سنوانے کا خوامخواہ تکلف کیا۔"

بخاری صاحب سے آخری ملاقات جون ۱۹۴۷ء میں ہوئی، تب وہ آل انڈیا ریڈیو کے ڈائریکٹر کے عہدہ سے سبکدوش ہوکر گورنمنٹ کالج لاہور کے پرنسپل مقرر ہو چکے تھے۔ بڑے تپاک سے ملے فرمانے لگے، "آپ ڈی اے وی کالج میں یونہی وقت ضائع کررہے ہیں۔ غیر ادبی ماحول میں رہنا ذہنی خودکشی کے مترادف ہے۔ میں جلد ہی آپ کو گورنمنٹ کالج میں لانے کی کوشش کروں گا۔" ان دنوں تحریک پاکستان اپنے شباب پر تھی۔ کسی پروفیسر نے کہا اگر پاکستان بن گیا تو ہم کپور کو ہندوستان میں نہیں جانے دیں گے۔ البتہ انہیں مشرف بہ اسلام ہونا پڑے گا۔ "بخاری صاحب نے چونک کر فرمایا،

"حضرت پہلے ہم اور آپ تو مشرف بہ اسلام ہولیں، اس غریب کی باری تو بعد میں آئے گی۔ آخر ہم اور آپ میں کون سی مسلمانی رہ گئی ہے۔"

آل انڈیا ریڈیو کا تذکرہ چھڑا کہنے لگے "ایک بار میرے متعلق پارلیمنٹ میں کہا گیا کہ میں دوست پرور ہوں۔ آل انڈیا ریڈیو میں میں نے اپنے دوست اور شاگرد اکھٹے کر رکھے ہیں۔ میں نے اخبارات میں ایک بیان دیا جس میں کہا یہ الزام سو فیصد درست ہے اب اس کا کیا کیا جائے کہ بد قسمتی سے میرے تمام شاگرد اور احباب قابل ترین اشخاص واقع ہوئے ہیں اور قابل دوست یا شاگرد، جاہل دشمن سے ہمیشہ اچھا ہوتا ہے۔"

بخاری صاحب ساٹھ اکسٹھ برس کی عمر میں ہمیں داغ مفارقت دے گئے۔ ان کا مقبرہ دیار غیر میں بنا۔ ہندوستان اور پاکستان سے اتنی دور کہ ان کے شاگرد اور عقیدت مند اس پر آنسو بہانے یا شمع جلانے کی سعادت بھی حاصل نہیں کر سکتے۔ لیکن فہم و فراست کی شمعیں جو وہ خود جلا گئے۔ ان کی روشنی ابدی ہے۔ ان کی دین صرف "مضامین پطرس" نہیں، ان کی اصلی دین ان کے وہ مایہ ناز شاگرد ہیں، جنہوں نے ادب اور فن میں نئی راہیں نکالیں اور جنہیں اپنے "پیرومرشد" پر جسد خاکی کے آخر سانس تک فخر رہے گا۔

***

مزید دلچسپ اور تیکھے مزاحیہ مضامین کا مجموعہ

چھیڑ چھاڑ

مرتبہ : سید حیدرآبادی

بین الاقوامی ایڈیشن جلد منظر عام پر آرہا ہے